KB141813

오늘은
인공장기

오늘은 인공장기

김지현 지음

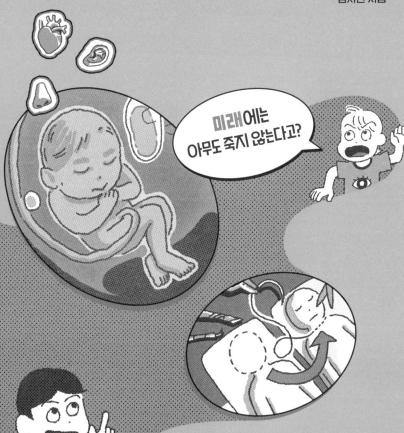

미래에는 아무도 죽지 않는다고?

다른

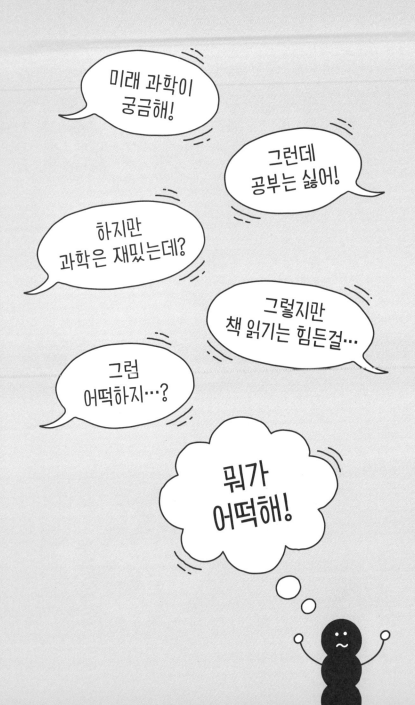

짠!

앉은 자리에서
뚝딱 끝낼 수 있는
과학 지식이 여기 있잖아!

짧고 굵고 빠삭하게, 최신 과학을 과자처럼

오늘도 가볍게
완독!

완독 후 마무리를 도와줄 [찜 노트]는 여기 있다!
문해력·발표력·토론력·창의력 활동 모음

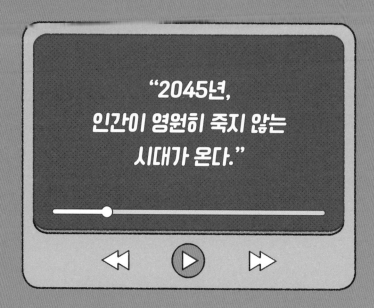

"2045년,
인간이 영원히 죽지 않는
시대가 온다."

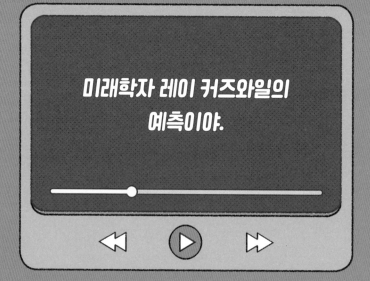

미래학자 레이 커즈와일의
예측이야.

교통사고로 다쳐도,
질병으로 몸져누워도

몇 번이고 몸을 건강하게
되살릴 수 있다면 어떨까?

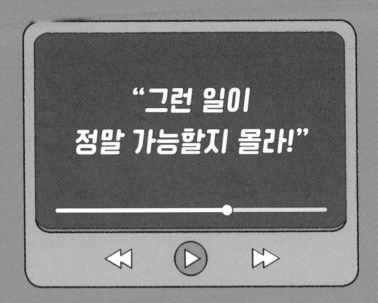

지금부터
나를 따라와!

영화 같은
인공장기 이야기를
들려줄게!

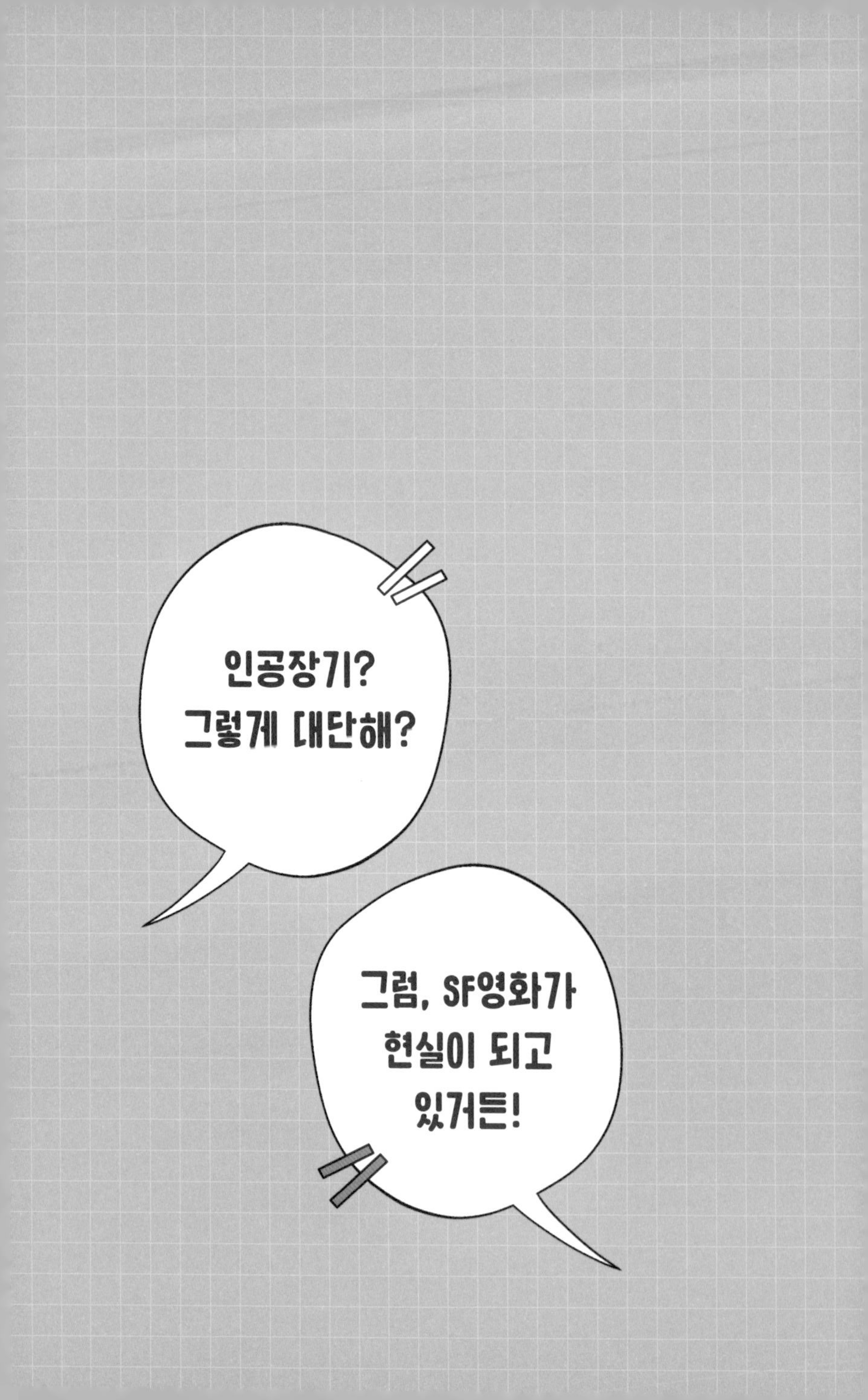
인공장기?
그렇게 대단해?
그럼, SF영화가
현실이 되고
있거든!

팔에서 코가 자란다고?

2017년 중국과 이탈리아의 의료진이 인류 최초로 사람 머리를 이식하는 수술에 성공했다고 발표해 사람들을 깜짝 놀라게 만들었어. 의료진은 시신 2구의 척추와 신경, 혈관을 연결했다며 곧 살아 있는 환자를 대상으로도 이식 수술을 할 것이라 밝혔지. 사실 시신으로는 수술 후 회복 여부를 알 수 없기에 당시 과학계의 반응은 회의적이었어. 하지만 놀라운 일이 하나하나 현실이 되어 가고 있어.

팔에서 코 피부를 자라나게 해서 일굴에 옮겨 붙였다는 뉴스를 본 적 있니? 2022년에 프랑스에서 실제로 성공한 수술이야. 어느 여성이 암에 걸려 코의 연골을 모두 잃었어. 몇 번이나 성형수술을 했지만, 코를 온전히 되찾지는 못했어. 그러다가 코를 잃은 지 10여 년 만에 연골 역할을 해줄 뼈대를 만들 수 있었어. 3차원의 입체 물건을 인쇄하듯 만들어 내는 3D 프린팅 기술이 발전한 덕분이었어. 의사들은 암에 걸리기 전 모습 그대로 코의 뼈대를 출력했어. 그런 다음 여성의 피부를 조금 떼어 내 뼈

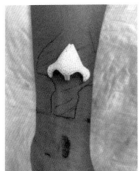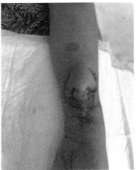

환자의 팔에 자라나게 한 코

대 위에 덮고, 그 뼈대를 팔에 이식해서 두 달 동안 자라게 했어. 그 후 얼굴에 코를 이식하는 수술까지 성공했다니 정말 놀랍지 않니? 코를 옮겨 붙이기 위해서는 동맥과 정맥을 연결하는 큰 수술도 필요했어.

　여성 환자는 수술 후 10일 만에 퇴원했어. 코로 숨을 쉴 수 있어 아주 만족해 했다니 정말 다행이지. 최첨단 과학기술이 의학 분야에서도 활용되면서 과거에는 상상조차 하지 못한 일이 벌어지고 있어. 어떤 놀라운 이식 수술이 현실이 되고 있는지 궁금하지 않니?

인공장기는 어떻게 만들까

장기이식은 우리 몸이 사고로 망가지거나 병이 들어 제 기능을 하지 못할 때 몸의 일부를 건강한 기관으로 바꾸는 수술이야. 뼈나 피부뿐만 아니라 폐와 심장, 간, 대장, 뇌세포까지 정말 다양한 신체 기관을 이식하는 수술이 가능해졌어.

과학자들은 병든 장기를 대신하는 장기를 직접 만들려는 시도도 해왔어. 인공장기는 말 그대로 인위적으로 만든 장기를 뜻해. 오늘날 다양한 인공장기가 속속 등장하고 있지. 신장·심장·혈관·식도·고막 등 여러 신체 기관이 실험실에서 만들어졌어. 심지어 항문까지도 말이야! 최근에는 인공혈액을 개발하려는 시도도 이어지고 있어. 인공장기는 진짜 장기보다 이식이 훨씬 어렵지만, 수많은 시행착오를 거쳐 인공장기 이식 수술의 성공률이 점차 높아지고 있어.

인공장기는 어떻게 만드는 걸까? 첫 번째, **3D 바이오프린팅** 기술로 만들어. 3D 바이오프린팅은 이식받을 환자 본인의 세포를 배양(인공적인 환경에서 동식물의 세포나

미생물을 기르는 것)한 다음 3D 프린터에 넣어 정확한 모양과 크기로 장기를 출력하는 거야.

예를 들어 심한 화상이나 당뇨병으로 발가락이 썩은 환자를 위해 새로운 발가락을 만든다고 해볼까? 먼저 상처 부위를 스캔해서 그 깊이와 넓이를 정확하게 측정해. 그리고 스캔한 정보를 입력한 3D 프린터로 환자의 피부 조직을 출력하지. 마지막으로 상처 부위에 새롭게 출력한 피부를 덮어 주는 거야. 이렇게 하면 2차 감염도 막을 수 있을 뿐만 아니라 수술 부위도 빨리 아문다고 해. 그리고 환자 자신의 세포를 이용하기에 **면역거부반응**이 일어나지 않는다는 아주 큰 장점도 있어. 면역거부반응이라니, 생소하지? 사람은 몸속에 들어온 외부의 이물질을 침입자로 여기고 공격하는 방어 시스템을 가지고 있어. 면역거부반응은 혹시 닥칠지 모르는 위기 상황을 막으려는 몸부림이라고 생각하면 쉽게 이해가 될 거야. 환자 본인의 세포와 똑같은 세포를 이용하지 않는 한 사람과 사람 사이의 이식에서도, 사람과 동물 사이의 이식에서도 자연스럽게 나타나는 반응이야. 장기이식을 할 때 반드시 없애야 하는 장애물이기도 하지. 면역거부반응을 그대로 두면 새로운 장기가 제 기능을 할 수 없어서 환자가 목숨을 잃게 되거든.

두 번째, 사람에게 이식할 수 있게 동물 장기의 유전자를 편집하는 거야. 이렇게 만든 장기를 어려운 말로 **유전자 편집 이종장기**라고 불러. '이종異種'이라는 단어는 인간이 아닌 다른 동물의 장기를 뜻해. 극심한 면역거부반응을 없애기 위해서는 동물의 장기에 유전자를 삽입하거나 삭제해야 해. 이종장기 연구에는 돼지를 가장 많이 이용하고 있어. 돼지의 장기는 사람의 장기와 크기가 비슷한 데다 유전자 조작도 비교적 쉽게 할 수 있기 때문이야.

동물실험 대신 오가노이드

세 번째 인공장기로는 **오가노이드**가 있어. '장기'를 뜻하는 영어 단어 오건organ과 '비슷하다'는 뜻의 오이드oid를 합친 말이야. 오가노이드는 사람의 줄기세포(모든 조직 세포로 분화할 능력을 지닌 세포)를 배양하거나 재조합해서 몸속의 장기와 비슷하게 만든 거야. '미니 장기', '유사 장기'

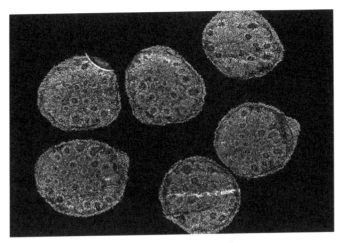

신경줄기세포로 만든 뇌 오가노이드

라고도 부르는데, 몸속 장기의 형태와 똑같지는 않아. 몸에 이식하기 위해 만든 것이 아니기 때문이야. 그렇다면 오가노이드는 어디에 활용할까?

　바로 신약 개발이야. 인간 장기와 비슷한 오가노이드로 신약의 효능을 실험하는 거야. 막 개발한 신약은 독성이나 부작용이 있을지도 모르기 때문에 사람에게 바로 쓰지 않고 보통 동물실험으로 안전한지 확인해. 이때 가장 많이 사용하는 동물이 쥐야. 그런데 쥐의 몸은 아무래도 사람과 차이가 있기 때문에 쥐한테는 굉장히 효과가 좋았던 약물이 사람에게는 전혀 효과가 없는 경우가 아주 많다고 해. 오가노이드를 활용하면 동물실험 없이도 더 정확한 실험 결과를 얻을 수 있어. 신약 개발을 위해 수없이 많은 동물을 죽이지 않아도 되니 정말 다행이지? 원래 미국에는 신약을 승인받으려면 반드시 동물실험을 거쳐야 한다는 규정이 있었어. 80년 동안이나 존재했던 이 규정을 삭제하는 법안이 2023년 초에 미국 의회에서 만장일치로 통과되었어. 이로써 미국에서는 2035년부터 동물실험을 금지한다고 해. 오가노이드는 분명 윤리적인 신약 개발에 큰 도움이 될 거야.

최초의 오가노이드는 2009년 네덜란드의 한스 클레버스 빅사가 생쥐에게서 얻은 줄기세포로 만든 미니 소장이야. 2013년에는 영국의 매들린 랭커스터 박사가 신경줄기세포로 인간의 뇌 오가노이드를 만들어 냈지. 그 이후로 연구가 활발해져서 지금까지 심장·위·간·신장·췌장·갑상선 등 10가지가 넘는 다양한 신체 기관으로 오가노이드가 만들어지고 있어. 오가노이드는 신약 개발의 성공률을 높일 뿐만 아니라 코로나19와 같은 바이러스가 전파되는 과정을 연구하는 데도 큰 도움이 되고 있어.

　과학자들의 도전은 여기서 멈추지 않아. 진짜 장기와 똑같은 모양을 한 장기를 만들 수 있다면 더 좋겠지? 실험실에서 기른 줄기세포를 3D 바이오프린팅 기술을 이용해 인간 장기와 같은 크기로 만드는 연구도 진행 중이야.

최초의 인공장기, 혈액투석기

인공장기는 언제 처음으로 등장했을까? 몸속 장기를 대신한 최초의 기기는 바로 1943년에 개발된 혈액투석기야. 신장병을 앓는 환자의 몸에 연결되어 인공신장과 같은 역할을 하는 혈액투석기는 네덜란드의 캄펀시립병원에서 근무하던 빌럼 콜프 박사가 개발했어. 1938년 콜프 박사가 인턴으로 근무하던 시절, 그의 첫 환자는 신장병을 앓는 22세 청년이었어. 그 당시에는 이렇다 할 치료 방법이 없었기 때문에 콜프는 죽어 가는 환자를 지켜볼 수밖에 없었다고 해. 마음이 아팠던 그는 신장병 환자들

을 위해 더욱더 연구에 몰입했어. 그러다 드디어 1943년
에 혈액투석기를 개발하는 데 성공해. 콜프는 어느 수리
공에게서 배운 자동차 펌프의 원리로 혈액투석기를 개발
할 수 있었어. 우리 몸속 신장처럼 혈액 속의 특정한 독소
물질을 없애 주는 기기를 만든 거야. 그는 처음 개발한 것
보다 한층 더 발전된 혈액투석기도 만들 수 있었어. 셀로
판막(특정 크기의 작은 입자만 통과시키는 막)을 사용한 회전
드럼 투석기를 만든 거지. 이 투석기는 곧 전 세계 병원에
널리 도입되었어.

   콜프가 혈액투석기를 개발했을 무렵 네덜란드는 나
치의 참혹한 지배를 받고 있었어. 2차 세계대전이 한창
벌어지던 시절이었지. 어지러운 시대에 콜프는 혈액투석
기로 환자를 치료하는 데 더욱 매진했어. 안타깝게도 콜
프의 기대와는 달리 2년 동안 환자 15명이 사망하고 말
았지. 그러나 다행히도 1945년에는 어느 67세의 환자
를 치료하는 데 성공하면서 콜프의 노력이 결실을 볼 수
있었어. 그가 개발한 혈액투석기는 미국인 의사를 통해
1952년 우리나라에도 들어왔고, 수십만 명의 환자가 혈
액투석기의 도움을 받아 목숨을 구했어.

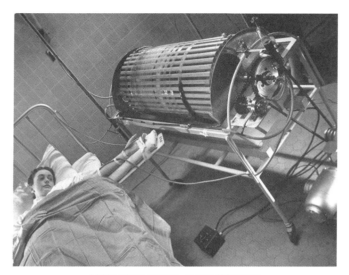

신장병 환자를 치료하는 콜프의 혈액투석기

　　지금도 신장이식 수술을 받기 전 많은 신장병 환자가 혈액 투석을 하고 있어. 그런데 혈액 투석을 하기 위해서는 환자가 1주일에 12시간 이상 병원에서 시간을 보내야 하고, 혈액투석기를 몸에 연결하기 위한 혈관 수술도 꼭 받아야 해. 그리고 혈액투석기를 몸에 오래 연결하고 있으면 혈관이 서서히 망가지는 부작용이 나타나. 이런 부작용을 해결하기 위해 최근에는 체내에 이식하는 혈액투석기를 개발하는 연구가 이루어지고 있어.

콜프는 수백만 명의 생명을 살렸지만, 항상 더 많은 생명을 구하고자 안간힘을 썼다고 해. 1950년 미국으로 이민을 온 그는 인공장기 연구소의 책임자를 맡으면서 심장 연구도 시작했어. 1955년에는 심장마비 증상을 겪는 환자를 위한 만든 폐심장기기를 개발하고, 1982년에는 세계 최초로 인공심장 개발에 성공했어. 목숨이 위태로운 심장병 환자의 몸에 인공심장을 삽입했더니 환자가 112일 동안 더 살 수 있었다고 해. 그는 무려 93세까지 하루에 5시간 이상을 인공장기를 개발하는 데 매진했어. 시력도 청력도 잃은 상태였는데도 말이야.

콜프는 위험을 무릅쓰고 유대인 수백 명의 생명을 구하기도 했어. 2차 세계대전 때 독일 나치는 수많은 유대인을 강제노동수용소에 보냈어. 네덜란드에서도 1만 명이 넘는 유대인을 배에 강제로 태웠는데, 이 배가 잠시 항구에 정박했을 때 콜프 박사와 그의 아내는 유대인들이 감염병에 걸렸으니 그들을 배에서 즉시 내보내야 한다고 독일군을 설득했어. 사실 이건 유대인을 탈출시키기 위한 거짓말이었어. 거짓말이 발각되면 큰 처벌을 받을 위험에도 굴하지 않고 콜프는 무려 1,200명의 유대인을 여러 병원에 나누어 보낸 다음 800명 이상을 탈출시켰다고 해. 이렇듯 그는 평생 소외된 사람들을 살리기 위해 노력하며 살았어. 이 공로를 인정받아 여러 대학교에서 명예 박사학위를 12개 이상 받았고, 국제상도 120개 넘게 수상했어.

생명을 살리는 장기이식

장기이식이라고 다 같은 장기이식이 아냐. 자가이식·동계이식·동종이식·이종이식이라는 4가지 종류로 나눌 수 있거든. 낯설게 느껴지겠지만 걱정하지 마! 지금부터 차근차근 쉽게 설명해 줄게.

＋ 자가이식 ＋

환자의 몸에서 떼어 낸 조직(여러 개의 세포 덩어리)이나 기관을 다른 부위에 옮겨 붙이는 방법이야. 혹시 자가 지방 이식에 관해 들어 봤니? 나이가 들어 눈 밑이 꺼지거나 볼살이 패인 얼굴에 허벅지나 엉덩이에서 떼어 낸 지방

세포를 이식하는 거야. 그럼 눈 밑이 팽팽하고 볼이 통통해져 한층 더 젊어 보이게 되지. 요즘 성형외과에서 정말 많이 하는 수술이야. 팔에서 떼어 낸 피부로 코를 새로 만들어 얼굴에 이식하는 수술도 자가이식에 해당해.

+ 동계이식 +

유전자가 완전히 같은 사람 사이에서 이뤄지는 장기이식이야. 그게 어떻게 가능하냐고? 일란성 쌍둥이끼리 하는 이식이 대표적이야.

+ 동종이식 +

유전자가 다른 사람들 간의 이식으로, 장기이식을 받았다고 하면 대부분이 동종이식에 해당해. 쌍둥이 형제가 있는 사람은 흔치 않으니 유전자가 서로 다른 사람들 간의 이식이 더 많겠지? 동종이식은 2가지 종류로 나눌 수 있는데, 살아 있는 사람에게서 장기를 이식한 경우는 '생체 이식'이라고 하고 뇌사자의 장기를 이식하면 '뇌사자 이식'이라고 해.

동물의 장기를 사람에게 이식하는 것을 말해. 그런데 이종이식에는 아직 넘어야 할 산이 많아. 사람과 사람 사이의 동종이식을 할 때보다 훨씬 격렬한 면역거부반응이 일어나거든. 과학자들은 동물 장기에서 면역거부반응을 일으키는 특정한 유전자를 없애거나 단백질을 인간의 단백질과 똑같이 바꾸는 방법을 연구하고 있어.

한 명이라도 더 살리기 위해

인공장기를 계속 연구하는 이유는 장기이식이 필요한 환자 수에 비해 장기를 기증하는 사람이 너무 부족하기 때문이야. 2021년 기준 우리나라의 장기기증자는 442명인데 장기이식 대기자는 매년 4만 명이 넘어. 장기를 이식받지 못해서 죽는 환자는 한 해 2,000명이 넘는다고 해. 하루에 약 6.8명, 즉 7명 가까이 죽는 셈이지. 정말 너무 슬픈 현실이야. 우리나라의 장기기증자 수는 늘 제자리걸음이었다가 2017년부터는 그마저도 줄어들고 있어.

연도	2014	2015	2016	2017	2018	2019	2020	2021
뇌사 장기기증자 수	446	501	573	515	449	450	478	442

해마다 줄어드는 장기기증자 수

어렵게 기증받은 장기를 아무에게나 줄 수 없겠지? 장기이식 절차를 체계적으로 관리하는 직업이 있어. 바로 **장기이식 코디네이터**야. 장기기증자와 환자 사이를 오가며 이식 수술을 안내하는 일부터 이식 대기 환자의 상태를 파악하는 일, 장기를 옮기는 일까지 모든 장기이식의 절차를 관리해. 누군가의 끝이 누군가의 시작이 될 수 있도록 돕는 정말 숭고한 일을 하는 거야.

장기는 기증자의 몸에서 떼어 내자마자 차가운 용액 속에 보관하는데, 아무리 잘 보관해도 장기는 조금씩 상할 수밖에 없어서 최대한 빨리 옮기는 것이 중요해. 그런데 장기기증자와 환자가 같은 병원에 있는 경우는 매우 드물어. 그래서 대개는 장기를 보관통에 담아 환자가 있는 곳까지 먼 거리를 이동해야 해. 하지만 급하다고 보관통을 아무렇게나 들고 뛰어가면 장기가 통 안에서 이리저리 부딪혀 상할 수가 있어서 조심해야 해. 장기마다 보관할 수 있는 시간도 달라. 심장은 4시간, 폐는 6시간, 간은 12시간, 신장은 24시간 동안 보관할 수 있지. 심장은 가장 빨리 옮겨야 하는 장기여서 헬기로 이송하기도 해.

2021년 KTX 기차로 심장을 이송해 소방관을 살린 뉴스가 화제였어. 장기이식 코디네이터는 원래 헬기로 심장을 옮기려 했지만 기상악화로 헬기 대신 KTX를 타기로 했어. 그런데 기차역에 아무리 빨리 가도 3분 정도 늦게 도착할 수밖에 없는 상황이었어. 그다음 기차는 1시간 뒤에나 있었지. 그래서 그 코디네이터는 기차의 출발 시간을 조금만 늦춰 달라고 역에 부탁했어. 그렇게 해서 출발 시간을 3분 늦춘 덕에 환자를 살릴 수 있었어. 장기이식 코디네이터가 빠르게 대처하지 못했다면 소방관을 살리지 못했을 거야.

장기이식 코디네이터는 뇌사자의 가족을 만나 장기 기증 절차에 관해 상담하기도 해. 이게 정말 많이 힘든 일이라고 해. 자칫하면 가족에게 더 큰 상처를 입힐 수 있거든. 장기기증이 또 다른 생명을 살리는 값진 일이긴 하지만, 그 기증을 결정하는 환자 가족의 마음은 정말 고통스러울 테니까.

장기기증은 어떻게 할까

장기기증을 신청하는 것은 나의 장기로 생명을 나누겠다는 아름다운 약속이야. 신청 방법은 다양해. 한국장기조직기증원, 한마음한몸 운동본부, 사랑의장기기증 운동본부, 보건복지부에서 운영하는 국립장기조직혈액관리원 중 하나를 골라 인터넷으로 접속하면 쉽게 신청할 수 있어. 누구나 참여할 수 있지만 만 16세 미만인 사람은 법정대리인의 동의와 관계를 증명하는 서류가 필요하대.

장기기증 신청이 수락되면 주민등록증과 운전면허증에 장기기증자임을 표시해. 갑작스러운 사고로 사망하더라도 확인할 수 있게 말이야. 본인이 직접 신청하지 못했더라도 갑자기 사망하거나 뇌사 판정을 받으면, 가족이 대신 장기기증에 동의할 수도 있어.

요점만 싹둑! 공부 절취선

✂-----

장기이식

우리 몸이 사고로 망가지거나 병이 들어 제 기능을 하지 못할 때
몸의 일부를 건강한 기관으로 바꾸는 것

3D 바이오프린팅

인공적으로 배양한 세포를 재료 삼아 3D 프린터를 이용해
정확한 모양과 크기로 조직, 장기 등을 출력하는 기술

면역거부반응

몸 안에 있는 면역세포가 외부에서 들어온 낯선 물질을
공격하고 파괴하는 현상

유전자 편집 이종장기

면역거부반응을 줄이기 위해 유전자를 삽입하거나 삭제한 동물의 장기

오가노이드

신약 개발이나 실험을 위해 사람의 장기와 비슷하게 만든 인공장기

장기이식 코디네이터

장기이식의 절차를 관리하고 안내하는 일을 하는 직업

인류 최초의 장기이식은?

아주 오래전부터 사람들은 사고로 망가지거나 병이 든 장기를 새것으로 바꾸는 기술을 꿈꿨어. 이식에 관한 최초의 기록은 1,700년 전으로 거슬러 올라가. 4세기 무렵 튀르키예 지역에 성 코스마스와 성 다미안이라는 쌍둥이 형제 의사가 살았어. 이 쌍둥이 의사는 평소 가난한 사람을 돌봐 줘서 신망이 매우 높았어. 유스티니안이라는 주교가 썩어 들어가는 다리 때문에 죽을 지경이 되자, 둘은 죽은 무어인(북아프리카인)의 다리를 그에게 이식했어. 많은 중세 화가가 전설처럼 전해지는 이 놀라운 수술을 그림으로 그렸지.

《사미타》라는 인도의 고대 서적에도 피부이식에 관한 기록이 나와. 인도에서는 무려 기원전 800년 무렵부터 피부이식을 했다고 전해져. 고대 인도에는 중범죄를 저지르면 코를 자르는 잔인한 형벌이 있었는데, 수스루타라는 의사가 코를 잃은 사람들의 코를 되살려 주었다고 해. 그들의 이마 피부를 떼어서 말이야. 유럽에서도 오래전 피부이식 수술에 성공했다는 기록이 있어. 1597년

죽은 사람의 다리를 이식하는 수술을 그린 〈유스티니안의 치유〉

이탈리아 볼로냐에서 가스파르 타그리아코치라는 의사
가 환자의 팔 피부를 떼어 이마에 붙이는 데 성공했다고
해. 환자 본인의 피부를 사용했으니 자가이식이라고 할
수 있겠지?

그러나 면역거부반응을 해결할 방법이 없어서 오래
전 이식 수술은 대부분 실패했어. 환자 본인의 신체 조직
을 이용한 몇몇 수술을 제외하고 말이야. 의사들은 수많

은 실패를 거듭하다 18세기부터는 동물실험으로 신체에 관한 지식과 정보를 얻었어.

수많은 사람의 노력이 쌓이고 쌓여 결실을 보는 순간이 찾아왔어. 1905년에 이르러 각막이식 수술이 가능해진 거야. 각막은 눈의 가장 바깥쪽에 있는 투명한 막인데, 각막을 다치면 눈으로 빛이 들어오지 못해서 앞을 볼 수 없게 돼. 의사들은 화학물질이 눈에 튀어 시력을 잃은 환자에게 각막을 이식했어. 그 각막은 사고로 죽은 11살 소년의 것이었지. 이후 많은 환자가 각막을 이식받아 빛을 되찾을 수 있었어. 그러나 각막이 아닌 다른 장기를 몸속에 이식하는 것은 오랫동안 불가능의 영역이었어.

장기이식이 어려웠던 이유는 크게 2가지야. 첫째, 장기에 연결된 혈관을 잘라 이식자의 혈관에 잘 이어 붙이는 기술이 과거에는 없었어. 이 기술을 어려운 말로 **혈관봉합술**이라고 불러. 새로 이어 붙인 혈관 사이에 피떡이 생기지 않고 피가 잘 흐를 수 있게 해야 하지.

둘째, 이식한 장기에 염증이 생기는 현상, 즉 면역거부반응을 해결할 방법이 없었어. 각막이 처음으로 이식에 성공한 신체 부위가 될 수 있었던 것은 우연이 아니야. 면역거부반응은 혈액 속 백혈구에서 일어나는데 각막에는 혈관이 없어. 혈관이 없으니 혈액도 없겠지? 그래서 이식한 각막에서는 면역거부반응이 일어나지 않아.

장기이식의 아버지, 존 헌터

18세기에 활약한 외과 의사 존 헌터는 '장기이식의 아버지'라고 부를 정도로 큰 업적을 남겼어. 그는 1728년 영국 스코틀랜드에서 태어났는데, 형제가 무려 10명이나 있었어. 그런데 불행히도 그중 7명이 병으로 세상을 떠났어. 막내로 태어난 헌터는 어린 시절에 읽기와 쓰기에 서툴렀어. 말도 잘하지 못해서 주변에서 걱정할 정도였어. 헌터의 아버지, 어머니는 막내아들이 학교에 적응하지 못할까 봐 고민이 많았지. 하지만 너무 많은 자식을 잃었기에 마음 놓고 헌터를 야단치지는 못했어. 형 윌리엄은 똑똑해서 헌터는 "제발 형의 반만큼만 좀 해봐"라는 말을 집에서 항상 듣고 자랐다고 해. 그럼에도 헌터는 공부는 늘 뒷전이었고 주로 들이나 산에서 곤충을 채집하고 해부하며 시간을 보냈지.

아버지는 20살까지도 빈둥빈둥 놀던 아들을 보다 못해 형 윌리엄이 근무하는 런던 병원으로 보냈어. 그런데 병원에서 헌터의 재능이 빛나게 되었어. 그가 살아 있는 동물을 해부해 표본을 만드는 데 매우 능숙했던 거야. 어릴 적부터 바깥에서 엄청나게 많은 곤충을 채집하고 표본을 만든 덕에 동물 해부가 식은 죽 먹기보다 더 쉬웠던 모양이야. 거기다 강의 실력도 매우 뛰어났다고 해. 그의 강의를 듣고 감동을 받은 후배 의사가 많았어. 그 제자 중 한 명이 인류 최초 백신을 만든 에드워드 제너야.

헌터는 수많은 실험과 연구에 몰두한 의사이자 과학자었어. 연구하다 얻은 기발한 아이디어를 수술에 잘 접목했지. 그는 닭의 고환이나 아킬레스건을 다른 닭에게 이식하는 동종이식 실험을 엄청나게 많이 하면서 다양한 이식 방법을 찾아냈어.

당시 외과 의사들은 수술 부위를 꿰매는 실이 환자의 몸에 염증을 일으켜 골머리를 앓고 있었어. 헌터는 실의 양 끝을 피부 바깥으로 남겨 두었다가 나중에 상처 밖으로 끄집어내는 방법을 고안해 그 문제를 해결할 수 있었어. 나중에 헌터의 제자 필립 피직은 저절로 사라지는 실을 개발했어. 이 실을 캣것cat-gut이라고 불러. 단어의 뜻은 '고양이 내장'이지만 고양이를 재료로 쓴 것은 아니고, 소나 염소, 양의 내장에 있는 콜라겐으로 만들어. 자연 재료로 만든 실이어서 시간이 지나면 몸속에서 자연스럽게 분해되지. 저절로 사라지는 실은 수십 년 후 소독법을 개발한 의사로 유명한 조지프 리스터가 한층 더 발전시켰고, 현재에도 널리 사용되고 있어.

지금도 사용하는 200년 전의 수술법

헌터는 다리의 동맥류를 수술하는 새로운 방법을 개발하기도 했어. 동맥류는 혈관이 부풀고 터지는 위험한 병이야. 그의 노력 덕에 수천 명의 환자가 다리를 절단하지 않고도 고통에서 벗어날 수 있었지. 헌터는 1785년 동맥류를 앓던 45세의 마부를 수술했는데, 혈관이 부푼 부위보다 위쪽의 동맥을 묶어 동맥류를 치료했어. 이 방법은 현재 수술실에서도 쓰고 있어. 만들어진 지 200년이 훨씬 지난 수술법이 오늘날에도 유용하게 활용되고 있다니 정말 놀랍지?

헌터는 65세가 되던 해인 1793년에 세상을 떠났어. 동료 의사들과 회의하던 중에 우리 몸에서 가장 굵은 혈관인 대동맥이 갑자기 터져서 목숨을 잃고 말았지. 인체 실험을 하고 싶은데 지원자를 구하지 못하자 자기 몸에 실험한 후유증 때문이었어. 자기 자신을 도구로 삼으면서까지 의학 연구에 열정을 불태웠던 거야. 1799년 영국의 왕립외과학회는 죽은 헌터가 보관하던 표본을 물려받았는데, 그 표본이 무려 1만 4,000개가 넘었다고 해. 표본들은 현재 런던의 헌터리안박물관에 전시되어 있어.

헌터가 수집한 수많은 동물 표본은 의과학 연구에 매우 중요한 자료가 되었어. 지금도 헌터의 연구를 참고하거나 인용한 논문이 나오고 있으니 그의 공로를 인정하지 않을 사람이 없겠지? 혈액순환의 원리부터 출혈의 원인, 장기이식 방법, 암의 원인까지 지금도 이어지는 의학계의 굵직한 연구는 모두 헌터가 시작한 거야. 그가 의학에 몰두한 건 어쩌면 형제를 7명이나 잃는 아픔을 겪어서인지도 몰라.

헌터가 모은 동물 표본을 전시한 헌터리안박물관

헌터의 열정이 얼마나 대단했는지 알려 주는 웃지 못할 일화가 있어. 그는 수술이 없는 일요일 아침 8시에 결혼식을 올렸어. 일할 시간을 뺏기지 않기 위해서 말이야. 일을 향한 집착에 가까운 열정을 결혼하는 날에도 증명한 셈이지. 생애 딱 한 번뿐인 날이었는데도 말이야. 이른 아침 올리는 결혼식을 허락하며 신랑을 존중해 준 신부도 정말 대단한 사람이지 않니?

혈관을 삼각형으로 만든다고?

우리 몸의 모든 장기에는 무수히 많은 혈관이 연결되어 있어. 혈액을 통해 영양분과 산소를 공급해야 하기 때문이지. 장기이식을 할 때도 이식받는 사람의 혈관과 새로운 장기의 혈관을 잘 이어 붙일 수 있어야 해. 두 혈관이 완벽히 이어져야 장기에 산소와 영양분이 전달될 수 있으니까.

혈관은 피가 통하는 빨대 같은 통로인데, 혈관이 막히게 되면 그 부위는 금방 썩어 버리지. 예를 들어 손가락에 고무줄을 매우 단단히 묶어 놓으면 묶인 손가락은 시간이 지날수록 저리고 색이 퍼렇게 변하면서 차가워지지? 그 상태로 오랜 시간이 지나면 결국 썩어 들어가서 손가락을 잘라야 하는 상황이 되고 말이야. 큰 사고를 당해 혈관이 끊어지거나 장기가 망가진 환자를 수술하는 의사들은 아주 오랜 시간 동안 혈관을 다시 잇는 방법을 절실하게 연구해 왔어. 금이나 은으로 만든 관에 혈관을 넣기도 하고, 반대로 손상된 혈관에 금속관을 넣어 보기도 했지만 모두 실패하고 말았어. 그러다가 20세기에 접어들어 프랑스의 외과 의사 알렉시 카렐이 놀라운 방법을 고안해 냈어.

　카렐은 혈관을 잇기 위해서는 바느질 솜씨부터 갈고닦아야 한다고 생각하고 비단 자수를 잘 놓는 르루디 부인을 찾아가 가는 바늘로 섬세하고 정확하게 바느질하는 방법을 배웠다고 해. 그는 자른 종이를 촘촘한 바느질로 감쪽같이 잇는 연습을 수도 없이 반복했어. 그런데 카렐의 이런 노력을 모든 사람이 좋게만 바라보지는 않았던 모양이야. 수술보다는 연구에만 몰두하는 카렐을 못마땅해하던 병원 사람들은 그를 승진 심사에서 탈락시켰어. 마음의 상처를 입은 카렐은 미국의 시카고대학교의 생리학 연구실로 병원을 옮기고, 혈관 봉합을 연구하던 찰스 거스리와 함께 더욱더 연구에 매진했어. 마침내 1910년에 장기이식의 기초가 된 혈관봉합술을 《사이언스》에 발표했어.

　카렐이 개발한 **삼각봉합법**은 바늘땀 3개만으로 혈관의 둥근 단면을 삼각형으로 꿰매는 방법이야. 원리는 간단해. 먼저 혈관을 120도 간격으로 세 군데 꿰매고, 꿰맨 실을 팽팽하게 당겨 혈관을 정삼각형으로 만들어. 그리

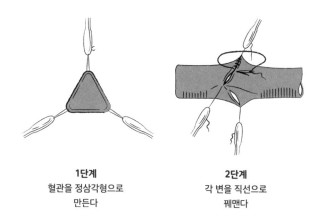

1단계
혈관을 정삼각형으로
만든다

2단계
각 변을 직선으로
꿰맨다

혈관을 이어 주는 삼각봉합법

고 정삼각형이 된 혈관의 각 변을 직선으로 아주 촘촘하고 정확하게 꿰매는 거지. 이 방법은 현재도 수술실에서 널리 쓰이고 있어. 이렇게 혈관을 이으면 출혈뿐만 아니라 피딱지가 혈관을 막는 부작용도 막을 수 있어. 이뿐만 아니라 다른 조직에 상처를 주지 않으면서 매우 가느다란 모세혈관을 손쉽게 꿰맬 수 있지. 카렐의 삼각봉합법은 장기이식 수술의 기초가 되어 동물의 난소, 콩팥 등의 이식에 크게 이바지했어. 이 업적을 높게 평가받아 그는 39세라는 젊은 나이에 노벨생리의학상을 수상했지.

신장이식이
주목받은 이유

혈관을 이어 주는 수술법이 체계적으로 발전하면서 가장 먼저 주목받은 장기는 신장이었어. 최초의 신장이식 수술은 1936년 러시아의 보로노이라는 의사가 했는데 안타깝게도 환자는 수술 후 이틀 만에 사망했대. 이후 많은 의사가 신장이식 수술에 도전했지. 우리나라는 1969년 3월, 성모병원에서 처음 신장이식 수술에 성공했어. 대한민국 장기이식 역사에 큰 획을 그은 장기이식 수술이었어.

그런데 여러 장기 중에서 왜 신장을 가장 먼저 이식했을까? 신장은 우리 몸에 2개가 있는데 1개만으로도 사는 데 지장이 없어서 장기 제공자를 구하기 쉬워. 그리고 내장 뒤에 위치해 있어서 떼어 내기도 쉽고, 주변 혈관이 긴 편이어서 다른 장기보다 이어 붙이기도 수월하다고 해.

부작용의 원인을 밝혀라

앞서 살펴봤듯 면역거부반응은 우리 몸의 타고난 면역
체계야. 면역거부반응을 일으키는 혈액 속 **면역세포**는 외
부의 낯선 물질에 저항해 몸을 지키는 역할을 하는 세포
로, 바이러스, 세균, 이물질 등이 몸속에 들어오면 위험한
것으로 간주하고 공격하지. 각막은 눈의 가장 바깥쪽에
얇게 덮여 있는 데다 혈관이 없어서 면역세포의 공격을
피할 수 있어. 그래서 각막이식은 일찌감치 가능해졌지.
하지만 우리 몸 깊숙이 들어앉은 장기는 면역세포의 공
격을 피할 수 없어. 장기이식은 단순히 혈관만 잇는 수술
이 아니야. 장기가 타인의 몸 안에서도 똑같이 살아 움직
이려면 여러 조건을 충족해야 하지.

　　면역거부반응을 없앨 수 없었던 과거에는 장기이식
수술 대부분이 실패로 돌아갔어. 그러나 중간중간 희망
적인 결과도 있었어. 1947년 독일의 의사 후프나젤은 죽
기 직전인 어느 여성의 신장을 떼어 생명이 위독한 임산
부에게 잠깐 이식했다가, 며칠 뒤 거부반응이 일어나기
직전에 그 신장을 도로 떼어 냈어. 완벽한 성공은 아니었

지만, 그 신장은 산모가 급성신부전증에서 회복하는 데 필요한 시간을 벌어 주었지. 1950년에는 혈액형이 같은 사람의 신장을 이식받은 환자가 11개월이나 살아남는 기적도 있었어.

　장기이식 수술이 자꾸 실패하는 원인은 오랫동안 베일에 싸여 있었어. 그러던 중 1943년 토머스 깁슨과 피터 메더워는 장기이식 후에 일어나는 부작용이 면역거부반응이라는 것을 알아냈어. 1954년에는 미국의 의사 조지프 머리가 일란성 쌍생아의 신장이식 수술에 성공했어. 유전자가 같은 쌍둥이끼리 장기를 이식하면 면역거부반응이 일어나지 않는다는 사실이 이때 밝혀졌어. 수술은 잘 끝났지만 면역거부반응이라는 장애물을 완전히 해결한 것은 아니었어. 신장을 이식받는 모든 사람이 일란성 쌍생아일 수는 없으니까. 머리는 이 상황을 이렇게 말했다고 해. "일란성 쌍둥이 간의 이식이라는 안전한 조건을 통해 장애물을 잠시 피했을 뿐이다."

　1954년에는 니컬러스 미치슨이라는 의사가 혈액 속에 있는 백혈구의 한 종류인 **림프구**가 면역거부반응의 큰 원인이라는 사실을 알아냈어. 림프구는 몸속으로 들어온 세균이나 바이러스를 공격해 우리 몸을 지켜 주는 역할을 해. 1958년에는 조직적합성 항원의 유형 차이가 면역거부반응을 일으키는 주된 이유라는 것이 밝혀졌어. 조직적합성 항원은 염색체에 있는 유전자로, 사람마다 그 유형이 달라. 장기이식 전에 반드시 장기기증자와 환자의 조직적합성 항원이 얼마나 일치하는지 분석해야 해. 많이 일치할수록 면역거부반응이 일어날 확률이 낮아지거든.

조직적합성 항원이 환자와 완전히 일치할 확률이 부모는 5%, 형제자매는 25%, 타인은 0.005%야. 그래서 환자의 가족을 가장 먼저 검사하고, 검사 결과가 좋지 않으면 장기기증 등록자 중에서 이식 수술에 적합한 사람을 찾아. 그리고 수술 성공률을 높이기 위해 가능하면 나이가 젊은 기증자를 찾는 편이야.

장기이식의 핵심, 면역억제제

하지만 면역거부반응의 원인을 밝혔다고 문제가 바로 해결된 것은 아니야. 의사들은 면역거부반응을 일으키는 림프구를 망가뜨리면 장기이식의 부작용을 막을 수 있을 거라고 생각했어. 그래서 신장이식을 앞둔 환자에게 엄청난 양의 방사선을 쬐어 **골수**를 모두 파괴한 다음 수술에 들어갔어. 골수는 뼛속에서 혈구(백혈구, 적혈구, 혈소판)를 만들어 내는 곳이거든. 그런데 방사선은 골수뿐만 아니라 건강한 장기와 조직을 모두 망가뜨렸어. 장기에 심각한 손상을 입은 환자들은 수술 후 1년을 넘기지 못하고 세상을 떠났어.

그러던 중 문제 해결의 실마리가 나왔어. 1959년 로버트 슈워츠와 윌리엄 다메섹이 6-메르캅토푸린이라는 물질이 면역세포의 활동을 억제한다는 것을 밝혀낸 거야. 그들은 이 물질로 면역세포 자체를 억제하는 의약품인 **면역억제제**를 개발할 수 있었어. 면역억제제가 등장하면서 장기이식 수술은 빠르게 발전할 수 있었어. 1967년에는 간이식, 1968년에는 심장이식이 처음으로 가능해졌어.

하지만 본래 백혈병 환자에게 항암제로 투여하던 6-메르캅토푸린은 독성이 매우 강한 물질이어서 부작용이 나타날 위험이 있었어. 그러던 중 1972년 스위스 제약

회사 산도즈의 보렐이 이끄는 연구팀이 노르웨이의 흙
속에서 발견한 곰팡이에서 놀라운 물질을 추출해 냈어.
효과가 뛰어나면서 부작용은 적은 면역억제제 사이클로
스포린을 찾아낸 거야. 이 물질은 면역반응을 일으키는
림프구의 하나인 T세포의 활동을 막으면서도 골수를 망
가뜨리지 않았어. 당시 18%에 그치던 간이식 성공률을
단번에 68%로 끌어올렸지.

사이클로스포린은 1983년부터 사용하기 시작했고,
미국식품의약국FDA의 승인을 받아 현재까지 쓰고 있어.
사이클로스포린과 다른 면역억제제를 함께 쓰는 '칵테일
요법'은 장기이식에서 가장 큰 문제였던 면역거부반응을
극복하게 해주었어.

국내 최초의 장기이식

우리나라에서는 언제 장기이식 수술이 시작되었을까? 첫
사례는 앞서 소개한 국내 최초의 신장이식이야. 1969년
성모병원에서 어느 어머니의 신장을 아들에게 이식한 수

술이지. 신장과 함께 각막, 골수도 함께 이식했다고 해. 1988년에는 서울대학교병원에서 14세 뇌사자의 간을 동갑내기 여자아이에게 이식했어. 1992년에는 췌장이식과 심장이식, 1996년에는 폐이식에 처음 성공했지.

현재 우리나라 병원에서는 여러 장기를 동시에 이식하는 수술이 가능하고, 수술 후 부작용도 적은 편이야. 특히 동종이식 기술은 세계적인 수준으로 인정받고 있어. 현재 30개가 넘는 병원에서 신장이식과 간이식이 매년 1,000건 이상 이뤄지고 있어.

면역억제제의 개발로 장기이식 성공률이 훨씬 높아진 건 사실이지만, 그렇다고 해서 모든 이식이 간단한 건 아니야. 면역억제제를 사용하면 생기는 부작용이 아직 0%는 아니란 뜻이야. 장기이식을 받은 환자는 죽을 때까지 면역억제제를 먹어야 하고, 그로 인한 부작용으로 암에 걸려 오래 살지 못하는 환자도 많아. 무엇보다 환자의 면역 유전자와 최대한 비슷한 유전자를 지닌 장기를 찾는 것이 매우 중요해. 앞에서도 이야기했지만, 장기기증이 턱없이 부족해 이식 수술을 받지도 못하고 죽어 가는 환자가 너무 많아. 정말 안타깝고 슬픈 현실이지.

감격스러운 심장이식의 순간

생명이 탄생하고 죽는 순간까지 단 1초도 쉬지 않고 뛰는 심장. 심장이식에 최초로 성공한 이야기 한번 들어 볼래? 벌써 60년 가까이 지난 이야기야.

1967년 12월 3일 남아프리카공화국의 외과 의사 크리스티안 바너드는 18명의 의료진과 함께 무려 9시간이나 수술을 했어. 교통사고로 뇌사 상태에 빠진 25살 여성의 심장을 55살의 심장병 말기 환자에게 이식하는 수술이었어. 외과 의사 바너드에게는 아픈 가족사가 있었어. 형이 심장병으로 5살 때 죽고 만 거야. 바너드와 그의 동생이 모두 의사가 된 데는 너무도 이른 나이에 죽은 형과 늘 형을 생각하며 슬퍼하는 부모님의 영향이 컸다고 해. 소중한 가족을 잃은 아픔을 가진 바너드였기에 심장이식 수술에 성공하고자 하는 열망은 이루 말할 수 없이 컸어.

환자의 몸에 이식한 심장은 잘 뛰는 듯했어. 하지만 기쁨도 잠시, 이식한 심장은 18일 만에 멈춰 버렸어. 면역

1967년 〈라이프〉에 실린 세계 최초의 심장이식 환자

억제제의 부작용으로 면역력이 급격히 떨어져 환자가 결국 폐렴으로 사망하고 만 거야. 심장을 이식받지 않았더라도 18일 정도는 살 수 있었기에 수술의 결과가 크게 성공적이라고 볼 수는 없었어. 하지만 바너드는 이에 굴하지 않고 1년 뒤 두 번째 심장이식 수술에 도전했고, 이번에는 무려 1년 6개월이나 환자가 생존했다고 해. 이 수술의 성공으로 바너드는 유명인사가 되었어. 미국의 의사

들은 남아프리카공화국 의사인 바너드에게 선두를 빼앗겼다고 생각해 조바심을 느꼈어. 그래서 바너드의 수술이 성공했다는 보도가 나오고 단 사흘 후에 어린아이에게 심장이식을 시도했어. 하지만 아이는 몇 시간밖에 살지 못했어. 다른 의사들이 수술에 실패하자 바너드는 더욱더 유명해졌고 그를 찾는 환자는 더 많아졌지.

밤낮없이 심장이식을 해야만 했던 바너드는 오랜 시간 수술대 앞에서 서서 일하느라 관절염이 심해져서 1983년 은퇴했어. 그 뒤로는 주로 강의를 하고 책을 쓰며 살았다고 해. 그러다 2001년 키프로스에 있는 휴양지에서 78세의 나이로 죽었는데 이유가 뭔지 아니? 아이러니하게도 심장마비였어.

세계 각지의 의사들이 너도나도 심장이식에 도전했지만 면역억제제의 부작용으로 1년 이상 생존하는 환자는 매우 드물었어. 심장이식이 원활해진 시기는 바너드가 은퇴한 해인 1983년이었어. 1983년은 앞서 설명한 사이클로스포린이 의료 현장에서 본격적으로 사용되기 시작한 해야. 획기적인 면역억제제 덕에 심장이식 환자의 1년 이상 생존율이 90%, 5년 이상 생존율은 75%를 넘길 수 있었어. 우리나라에서는 1992년 송명근 교수가 국내 최초로 심장이식에 성공했어.

　면역억제제의 발전으로 심장이식을 원하는 환자의 수는 가파르게 늘어났지만, 정작 심장을 기증하는 사람의 수는 거의 늘지 않았어. 심장 기증이 쉽지 않은 이유로는 여러 가지가 있어. 심장은 신장과는 달리 몸에 하나밖에 없는 장기면서, 간이나 골수처럼 부분 이식도 불가능해. 그리고 이식하는 순간에도 뛰고 있어야 하기에 뇌사자의 것이어야만 해. 이처럼 심장은 다른 장기에 비해 이식이 까다롭기 때문에 환자가 기다려야 하는 시간이 더욱더 길어질 수밖에 없어.

생명을 살리는 멋진 개입

간은 신장 다음으로 많이 이식하는 장기야. 신장과 간은 뇌사자와 살아 있는 사람 모두에게서 이식받을 수 있는 장기야.

　간은 어떤 과정을 거쳐 이식할까? 먼저 기증자 간의

3분의 2 정도를 떼어 간 속의 피를 모두 씻어 내야 해. 그리고 환자의 병든 간을 모두 떼어 내고 그 자리에 기증자의 간을 연결해. 간과 붙어 있는 혈관은 길이가 1~1.5cm밖에 되지 않기 때문에 아주 섬세한 수술이 필요해. 그리고 기증자의 혈관까지 모두 이식할 수는 없기에 환자에게 인공혈관을 삽입해 기증자의 간과 연결하게 되지. 기증자와 환자의 수술실은 바로 옆에 붙어 있어. 두 수술실이 서로 긴밀히 연락하면서 간을 떼어 내는 속도를 조절해야 하기 때문이야.

간에 붙어 있는 정맥과 문맥(장과 간 사이의 혈관)을 연결하기까지 걸리는 시간은 약 30분이야. 이 시간이 간이식 수술의 성공 여부를 결정하지. 옮겨 붙인 간에 환자의 혈액이 들어와 불그스레 혈색이 돌면 수술에 성공했다는 뜻이야. 의사는 동맥과 담도까지 간에 연결한 다음 초음파 사진을 보며 환자의 간에 혈액이 잘 흐르는지 재차 확인해. 그런데 간을 3분의 2나 떼어 내고 남은 3분의 1만으로 살아가야 하는 기증자가 많이 걱정되지? 다행히 기증해 준 간도, 기증받은 간도 몸에서 필요한 크기만큼 저절로 자라. 약 1개월 후면 원래 크기로 회복한다고 해.

2020년 어느 고3 수험생이 간암에 걸린 아버지에게 간 3분의 2를 기증했어. 배를 갈라 간을 꺼낸다는 생각에 무섭기도 했지만 아버지의 생명을 살리는 것이 훨씬 중요하다고 생각해서 용기를 냈다고 해. 아버지는 4년 전 간암을 판정받았고, 두 차례나 암이 재발했어. 목숨을 구하려면 간이식 말고 다른 방법이 없었어. 어머니의 간은 부적합 판정을 받았고 고1 동생은 너무 어렸어. 수능을 앞둔 고3이라도 아버지를 살리려면 수술을 미룰 수 없는 상황이었어. 아버지는 아들의 뜻을 선뜻 받아들이지 못하고 고민했다고 해. 자식의 몸에 칼을 대는 큰 수술에 쉽게 동의할 부모는 없겠지. 그러다가 의료진의 오랜 설득에 이식 수술을 받게 되었어. 다행히 수술은 무사히 잘 끝났고 아들은 2주 만에 등교할 수 있었어.

우리나라에서는 뇌사자가 아닌 건강한 사람이 간을 기증하는 경우가 22.9%로 높은 편이라고 해. 미국 1.6%, 독일 0.7%에 비해 월등히 높아. 기증자 중에서도 자녀가 68%를 차지한다니, '피는 물보다는 진하다'는 말이 떠오르기도 해. 정이 많은 민족이라 그런가 하는 생각이 들기도 하네.

국내에서 간이식을 받은 환자 중 가장 오래 생존한 사람의 이야기도 들려줄게. 피부에 오톨도톨한 두드러기가 나고 가려움이 심해 잠을 이룰 수 없어서 병원을 찾은 환자는 간경화 말기라는 청천벽력 같은 진단을 받았어. 병원에서는 그 환자에게 1년 6개월밖에 살 수 없을 거라는 시한부 판정을 내렸지. 환자는 1992년 미국으로 수술을 받으러 가겠다고 결심했는데, 이승규 의사가 뇌사자의 간으로 수술을 받기를 권유했어. 환자는 미국보다는 우리나라에서 수술하는 게 낫다고 생각하고 의사의 권유에 따르기로 했어. 그러나 그 당시만 해도 우리나라는 간이식 수술의 불모지였어. 주변 사람들이 수술을 말렸지만 환자는 의사를 믿고 무려 23시간에 이르는 큰 수술을 받았어. 그리고 30년 동안 단 한 번도 수술 후유증을 겪지 않았다고 해.

이 환자는 음식도 잘 먹고 운동도 하며 건강하고 즐거운 삶을 살고 있다며, 장기기증자와 의사에게 늘 감사한다고 해. 장시간의 수술을 마다하지 않는 외과 의사는 우리가 깊이 감사해야 할 존재야. 어느 의사는 장기이식 수술을 '생명을 살리는 멋진 개입'이라고 표현했어. 정말 멋진 표현 같지 않니?

의사는 많은데
수술할 의사가 없다고?

외과 의사는 장기이식을 비롯해 생명을 살리는 큰 수술을 해. 그런데 위독한 환자들에게 꼭 필요한 존재인 외과 의사의 수는 점점 줄어들고 있어.

최근 있었던 안타까운 사건들을 소개할게. 먼저 국내에서 가장 크고 세계에서는 50대 병원에 든다는 서울 아산병원에서 있었던 이야기야. 이 병원에서 일하던 30대 간호사가 2022년 7월의 어느 오전, 병원에 출근한 후 극심한 두통을 호소했어. 이윽고 같은 건물 1층에 있는 응급실에서 뇌출혈 진단을 받았지. 간호사는 곧바로 혈류를 막는 색전술이라는 처치를 받았지만, 출혈이 멈추지 않았대. 그래서 급히 두개골을 열어 터진 혈관을 꿰매는 수술을 해야만 했는데, 문제는 의사였어. 그렇게 큰 병원에 뇌출혈 수술을 할 의사가 단 한 명도 없었던 거야. 원래 3명의 뇌출혈 전문의가 있었지만, 당시에 학회 참석이나 출장 등의 일정으로 모두 해외나 지방에 있었어. 간호사는 근처 서울대병원 응급실로 옮겨졌지만, 안타깝게도 사망하고 말았어.

또 다른 사건은 2023년 3월 대구광역시에서 있었던 일이야. 어느 10대 청소년이 건물 4층 높이에서 떨어져서 발목과 머리를 다쳤어. 이 학생은 응급차에 실려 치료받을 병원을 찾아다녔어. 하지만 치료를 맡겠다는 병원이 없어 대구 시내 종합병원을 2시간 넘게 돌아다니다 심정지로 결국 세상을 떠났어.

병원에 수술할 의사가 없는 현실. 도대체 무슨 이유일까? 서울 한복판, 국내 최대 규모의 병원에서 의사가 없어 환자가 죽었다는 뉴스는 큰 충격일 수밖에 없어. 서울에도 의사가 부족한데 지방이나 외딴 섬에 있는 병원의 상황은 말할 필요도 없지. 우리나라의 병상 수는 OECD 가입 국가들의 평균보다 3배가 많은데, 의사 수는 최하위야. 외과 의사는 그중에서도 매우 부족해. 그래서 요즘 의대 입학생 수를 늘려야 한다는 여론이 거세지고 있어.

큰 수술이 가능한 병원이 부족한 또 다른 큰 이유는 '정부수가'야. 정부수가란 병원에 정부(건강보험공단)가 지급하는 돈을 뜻해. 예를 들어 볼까? 큰 병원에서 뇌혈관 수술을 할 때 보통 마취과 의사, 간호사, 수술 의사 2~3명이 수술에 참여하고 290~370만원의 정부수가를 받아. 그런데 개인 병원의 의사 1명이 쌍꺼풀 수술처럼 간단한 성형수술을 해도 그와 비슷하거나 오히려 높은 200~500만원을 받아. 좀 불공평해 보이지 않니? 뇌혈관 수술은 수술 시간도 길고 많은 의사가 동시에 투입되어야 할 만큼 어려운데 말이야. 낮은 수가를 받다 보니 응급외과 수술을 하면 할수록 병원에는 적자가 쌓인다고 해. 그러다 보니 응급실을 운영하지 않는 병원이 점점 많아지고 있어. 수술을 하는 의사도 힘든 건 마찬가지야. 여러 의사가 보수를 나누다 보니 개인 병원에 비해 상대적으로 적은 돈을 벌게 돼. 일은 힘든데 버는 돈은 적으니, 외과 의사를 지원하는 젊은 의사들이 사라질 수밖에 없는 거지.

의대생들이 가장 선호하는 진료과가 뭔지 아니? 내과·정형외과·영상의학과·재활의학과·안과·피부과가 인기가 높다고 해. 이 진료과들의 공통점은 응급 환자가 적는 데다 수술도 거의 하지 않고, 설사 하더라도 생사가 오가는 위급한 수술은 하지 않는다는 거야. 일과 삶의 균형을 중요시하는 요즘, 응급 환자를 맡느라 늘 잠을 설쳐야 하고 8~9시간씩 긴 수술을 하는 외과는 자연스레 기피 대상이 되었어.

〈슬기로운 의사생활〉이라는 드라마를 본 적 있니? 그 드라마에 나오는 5명의 주인공은 각각 간담췌외과·신경외과·소아외과·흉부외과·산부인과 의사야. 모두 젊은 의사가 기피하는 진료과지. 외과 의사가 많아졌으면 하는 국민들의 바람이 반영된 걸까?

바쁘다 바빠

요점만 싹뚝! 공부 절취선

혈관봉합술

피떡이 생기지 않고 혈액이 잘 흘러가도록 혈관을 연결하는 수술

삼각봉합법

혈관 단면을 정삼각형 모양으로 만들어 각 변을 이어 붙이는 방법

면역세포

바이러스와 세균 등의 외부 물질로부터 몸을 지키는 세포

림프구

세균이나 바이러스를 공격해 우리 몸을 지켜 주는 백혈구의 한 종류

골수

뼛속에서 백혈구, 적혈구, 혈소판 등의 혈구를 만들어 내는 곳

면역억제제

이식한 장기를 공격하는 면역세포를 억제하는 약물

3장

장기를
뚝딱 만드는
미래

아기를 인공자궁에서 키운다고?

2023년 2월 대한민국의 출산율이 0.78명이라는 통계가 발표되었어. 2명이 결혼해서 아기를 1명도 낳지 않는다는 뜻이야. 태어나는 인구가 줄어드니 대한민국이 머지않아 소멸할 거라는 전망이 나와. 2023년 우리나라 국민의 평균 나이가 45.5세인데 2070년에는 평균 나이가 62.2세가 된다는 예측도 있어. 이렇게 아이를 적게 낳는 현상이 계속 이어지면 길거리에서 어린이를 찾아보기 어려운 세상이 오겠지?

그러다 보니 **인공자궁**을 인구를 늘리는 데 활용하자는 의견이 여기저기서 나오고 있어. 인공자궁은 엄마의 자궁과 거의 같은 환경을 구현한 인공장기야. 미숙아를 인큐베이터보다 편안한 환경에서 키우기 위해 만들어졌어. 새로운 과학기술이 인구문제까지 해결할 수 있을지는 아직 미지수지만, 인공자궁 연구는 지금도 활발하게 진행되고 있어.

엄마의 자궁을 재현하기 위해

인공자궁의 역사는 1950년대로 거슬러 올라가. 1955년 임마누엘 그린버그라는 내과 의사가 전에 없던 신기한 기계로 특허를 받았어. 아기에게 영양분과 산소를 공급하는 펌프, 노폐물을 내보내는 장치가 긴 관을 따라 연결된 기계였지. 그러나 당시에만 해도 괴짜의 황당한 발명품으로 취급받았어.

인공자궁은 조산한 아기를 키우는 인큐베이터와 비슷해 보이지만 엄청나게 달라. 태어난 아기만을 키울 수 있는 인큐베이터와는 달리 수정란을 착상시키는 것부터 가능하거든. 인공자궁은 크게 인공태반과 양수를 담은 비닐 팩으로 구성되어 있어. 인공태반은 산소와 영양분 공급, 노폐물 배출을 담당하고, 비닐 팩은 아기를 감싸는 자궁 역할을 해. 양수에는 탄수화물, 단백질 등 다양한 영양소가 들어 있어. 그래서 수정란의 착상부터 태아의 성장까지 가능한 거지.

여성의 실제 자궁과 똑같은 역할을 해야 하기에, 인공자궁이 갖춰야 할 기능은 한두 가지가 아니야. 아기에게 필요한 영양분을 공급하고 노폐물을 배출하는 것을 '물질 교환'이라고 하는데 이게 인공태반과 태아 사이에서 아주 원활하게 이루어져야 해. 태아가 자궁 속에서 느낄 엄마의 움직임을 재현하는 시스템도 필요해. 아기를 감싸는 내막은 점차 성장하는 아기의 크기에 맞춰 변화할 수 있도록 특수 소재로 만들어.

첨단 과학의 집합체

인공자궁은 그야말로 첨단 과학의 집합체라고 할 수 있어. 1950~1960년대에 수많은 과학자가 동물을 활용한 인공자궁 개발을 활발히 시도했어.

그러다가 1990년대부터 성과가 나타났어. 1997년 일본 준텐도대학교의 요시노리 쿠와바라 박사 팀이 의미 있는 실험을 해냈어. 양수를 넣은 플라스틱 상자에 염소 태아를 넣고 탯줄에 관을 꽂아 영양분을 공급한 거야. 엄마의 자궁을 벗어난 염소 태아는 3주 동안 꾸준히 성장하며 인공자궁이 현실이 될 가능성을 보여 주었어. 2002년 미국 코넬대학교의 류흥칭 교수팀은 한 걸음 더 나아갔어. 자궁 내막에서 얻은 세포로 만든 인공자궁에 쥐의 배아를 이식한 후 그 자궁을 다시 성인 쥐에게 이식하는 단계까지 성공한 거야. 우리나라에서는 2004년 염소의 인공자궁 태반을 세계에서 두 번째로 개발했어.

현재 전 세계가 인공자궁 연구에 몰두하고 있어. 불임이나 난임으로 고통받는 부부에게는 커다란 희소식이지. 하지만 인공자궁은 그 어떤 인공장기보다도 윤리적 논란을 피하기 어려워. 여성 고유의 영역인 출산을 기계가 대신해도 될까? 쉽고 간편하게, 그리고 원하는 대로 아기를 탄생시키는 기술이 인간의 존엄성을 크게 위협할 거라는 우려도 있어.

그럼에도 상당히 많은 의사와 과학자가 인공자궁을 개발하기 위해 애쓰고 있어. 2017년 미국 필라델피아의 어느 소아병원에서 작은 새끼 양을 인공자궁 주머니 안에서 한 달 동안 키워 냈어. 새끼 양은 주머니 안에서 아주 건강한 양으로 자랐다고 해. 연구팀은 다른 동물에게도 인공자궁을 실험해 보고 그 안전성을 충분히 검증하면 사람의 태아도 키워 보겠다고 밝혔어.

너무 일찍 태어나 생존 가능성이 매우 낮은 미숙아들은 인큐베이터에서 온갖 기계 장치를 연결해 생명을 이어 가고 있어. 더 안전하고 편안한 인공자궁에서 아기를 키워 낼 수 있다면 정말 다행인 일이겠지?

돼지 심장을 이식받은 남자

인간이 아닌 동물에게서 장기를 얻으려는 이종장기 연구는 턱없이 부족한 장기를 보충하기 위해 지금도 끊임없이 이어지고 있어.

이종장기 연구에는 무균 돼지를 제일 많이 이용하고 있어. 세균에 감염되지 않도록 무균실에서만 키운 연구용 돼지인데, 일반 돼지보다 크기가 작아. 다 커도 성인의 몸무게와 비슷한 60kg밖에 되지 않고, 심장의 크기가 사람의 것과 94% 일치해.

2022년 1월 1일, 미국인 남성 데이비드 베넷이 세계 최초로 돼지의 심장을 이식받았어. 베넷은 치명적인 심장병을 앓고 있었어. 산소를 공급하는 장치를 달고 겨우

인공장기 연구를 위해 쓰는 무균 돼지

겨우 목숨을 이어 가고 있었지. 병세가 너무 심각했기 때문에 메릴랜드 대학병원을 비롯한 여러 병원에서 심장 이식 불가 판정을 받았어. 다른 치료 방법이 없었기에 미국식품의약국은 그에게 이종장기 이식을 허가했어. 베넷은 수술 전날 "돼지 심장을 이식받거나 죽거나 둘 중 하나였고, 나는 살고 싶었다"라고 말했대. 너무도 간절히 살고 싶었던 그의 마음이 전해지지 않니? 그런데 안타깝게도 베넷은 2달 후 죽고 말았어. 정확한 원인은 밝혀지지 않았지만, 아마 돼지 심장에 남아 있던 바이러스 때문에 사망에 이르렀을 것으로 추측돼. 이식한 심장에서 돼지에게 발열과 폐렴을 일으키는 바이러스가 검출되었거든. 비록 환자가 오래 살지는 못했지만 이 수술은 동물의 장기로도 위독한 사람을 살릴 가능성을 보게 해주었어.

베넷에게 이식한 돼지의 심장이 어디서, 어떻게 만들어졌는지 궁금하지 않니? 그 심장은 미국의 바이오 기업인 리비비코어에서 제공했어. 이 회사는 돼지에게 '유전자 교정'과 '유전자 복제'라는 2가지 생명공학 기술을 적용했어. 먼저 면역거부반응을 일으키는 유전자 3개를 **유전자 가위** 기술로 잘라 내고, 인간의 유전자 6개를 추가했어. 그리고 이식한 심장이 몸속에서 자라지 못하게 하기 위해 성장에 관여하는 유전자를 억제했어. 그게 어떻게 가능하냐고? 유전자 가위는 세포의 핵 속에서 유전 정보를 보관하는 물질인 DNA에서 원하는 부위를 잘라 내는 기술이야. 이 기술을 활용하면 특정한 유전자만 조작할 수 있어. 기존의 유전자 기술이 아파트의 모든 층과 모든 현관문에 광고지를 붙이는 거라면, 유전자 가위는 몇몇 집만 정확히 골라 광고지를 붙이는 것으로 생각하면 쉬울 거야. 과학자들은 이렇게 유전자를 교정한 세포를 복제해 이식용 장기를 공급하는 돼지의 수를 늘렸어.

　　미국도 우리나라처럼 장기기증자가 턱없이 부족하다고 해. 장기이식 대기자는 1만 1,000명이나 되지만 이식할 수 있는 장기는 부족해서 매년 6,000명 이상이 이식 수술조차 받지 못하고 죽는다고 해. 돼지의 장기를 이식할 수 있다면 안타깝게 죽어 가는 환자들을 많이 살릴 수 있겠지?

유전자 편집으로 만든 장기

무균 돼지를 기르는 무균실은 매우 삭막해. 세균의 침투를 막기 위해 창문이 전혀 없고, 필터로 살균한 공기만을 공급해. 그런데 인간과 가장 비슷한 동물인 원숭이나 침팬지가 아니고 왜 돼지를 이종장기 연구에 사용할까? 원숭이나 침팬지는 새끼를 보통 1~2마리 낳고 성장 속도도 느려. 그만큼 이식을 위한 장기를 빨리 확보할 수 없는 거지. 게다가 다 성장해도 장기들이 인간의 것보다 훨씬 작아. 돼지는 장기의 구조도 인간과 비슷한 데다가 새끼까지 많이 낳아. 한 번에 5~12마리까지 말이야.

　과학자들이 돼지를 선택한 이유는 크게 3가지야. 첫째, 유전자 조작이 쉽기 때문이야. 둘째, 무균 환경에서 잘 자랄 수 있어서야. 셋째, 어떤 장기든 필요한 크기로 자라게 할 수 있어서야. 돼지는 보통 300kg이 넘지만, 장기이식을 위한 돼지는 성장 유전자 일부를 조작해서 60kg까지만 키워. 성인 몸무게와 비슷하게 돼지를 키우면, 그 장기의 크기도 성인과 비슷해지는 거지.

　그런데 크기만 비슷하게 키운다고 바로 사람의 몸에 옮길 수 있는 건 아니야. 돼지에게는 문제가 되지 않지만 사람 몸속에 들어오면 치명적인 바이러스 유전자를 돼지는 무려 60가지나 가지고 있어. 사람의 유전자와 달라 생기는 면역거부반응도 막아야 하고. 그래서 돼지의 장기를 인간에게 이식하려면 우리 몸에서 부작용을 일으키는 유전자를 모두 없앤 유전자 변형 돼지를 만들어야 해. 이 문제의 돌파구가 된 것이 앞서 소개한 유전자 가위 기술이야. 리비비코어가 베넷에게 돼지의 심장을 이식하기 위해 사용한 방법이지. 유전자 변형 돼지는 2017년 미국의 하버드대학교에서 60가지나 되는 돼지의 바이러스 유전자를 모두 교정하는 데 성공하면서 처음 등장했어. 또 다른 연구진이 이식 후에 생기는 면역거부반응 문제도 유전자 가위 기술로 해결했다고 발표했어.

유전자 가위 기술은 식물에도 적용할 수 있다고 해. 기후변화에도 잘 살아남는 유전자나 영양분이 풍부한 식물을 개발하는 일에 말이야. 이렇게 놀라운 유전자 가위 기술을 개발한 과학자는 2020년 노벨화학상을 받았어. 그런데 이 기술에 긍정적인 면만 있는 건 아니야. 인간이 모든 생명의 유전자를 마음대로 쓰고 지우고 하는 세상을 매우 걱정하는 사람도 많아.

불치병 환자에게 희망을

무균 돼지는 정말 다양한 수술에 활용되고 있어. 돼지의 장기를 잘라 사람에게 이식하는 사례가 늘고 있거든. 최근 몇 년 사이 돼지의 심장 판막을 사람에게 이식하는 수술이 여러 차례 있었어. 큰 화상을 입은 환자에게 돼지의 피부를 이식하기도 해.

과학자들은 돼지의 췌도를 당뇨병 환자에게 이식하는 방법도 연구하고 있어. 우리 몸의 장기 중 하나인 췌장에 있는 췌도는 인슐린을 비롯한 호르몬을 분비해. 돼지의 췌도를 사람에게 옮길 수 있다면 당뇨병 환자들은 더 이상 인슐린 주사나 약을 먹지 않고도 당뇨병을 고칠 수 있게 되는 거야.

국내 바이오 기업인 옵티팜에서도 놀라운 장기이식 실험을 해냈어. 면역거부반응을 일으키는 물질을 없애고 사람의 유전자를 넣은 돼지의 신장을 원숭이에게 이식했는데, 원숭이가 180일 넘게 생존했어.

2022년 미국의 앨라배마대학교 의료진은 돼지의 신장을 뇌사 판정을 받은 환자에게 이식했어. 처음에는 돼지의 신장을 허벅지에 연결해서 잘 작동하는지 확인했어. 배를 가르는 큰 수술 대신 허벅지 혈관으로 먼저 실험한 거지. 돼지의 신장은 아주 정상적으로 작동했어. 수술 23분 만에 돼지 신장을 통해 오줌이 바로 나왔어. 사람의 신장을 옮겨 붙였을 때와 다름이 없었지. 이식한 신장 2개 중 하나는 손상되어 작동하지 않았지만, 두 신장 모두 면역거부반응은 일으키지 않았다고 해. 그런데 환자의 출혈이 멈추지 않아 77시간 만에 신장을 다시 떼어 냈고 환자는 세상을 떠났어. 이 신장이식은 안타깝게도 실패로 돌아갔지만, 새로운 희망을 갖게 해줬어. 돼지 장기를 이식하는 기술이 발전하면 장기이식을 기다리는 환자와 그 가족에게 큰 도움이 될 거야.

돼지의 수정란에 사람의 줄기세포를 이식해 돼지 몸에서 사람의 장기가 자라나게 만드는 실험도 있었어. 이렇게 사람의 세포를 다른 동물에 붙인 것을 '키메라'라고 불러. 이 이름은 그리스 신화 속 괴물에서 따온 거야. 신화 속 키메라의 머리는 사자, 몸통은 염소, 뒤는 뱀의 모습을 하고 있어. 그런데 키메라 연구도 짧은 시간 내에 활발하게 이루어지기는 어려울 전망이야. 사람의 의식을 가진 동물이 탄생할 수 있다는 우려가 있기 때문이야.

3D 프린터로 만드는 인공장기

3차원의 물체를 출력하는 기계인 3D 프린터의 역사는 1980년 초반으로 거슬러 올라가. 처음에는 출력물을 하나 얻기까지 걸리는 시간도, 비용도 엄청났었어. 하지만 지금은 300가지가 넘는 재료를 이용할 수 있고 우주·건축·산업·의료 등의 분야에서 활발하게 활용하고 있어. 특히 우주 분야에서 3D 프린터는 굉장히 중요한 역할을 해. 2026년 화성 이주 프로젝트를 추진하는 우주 기업 스페이스X는 3D 프린터를 우주선에 싣겠다는 계획을 내놓았어. 우주선을 비롯한 기계들이 고장 날 때를 대비하기 위해서야. 수리에 필요한 부품을 작은 우주선에 모두 싣고 가는 건 어려워서 3D 프린터로 필요한 부품을 그때그때 출력하겠다는 계획이지. 다만 중력이 없는 우주 공간에서는 3D 프린터로 쌓아 올린 물체가 무너져 내리는 현상이 자주 발생하기 때문에 우주정류장에서 3D 프린터를 계속 실험하고 있다고 해.

그렇다면 3D 프린터로 어떻게 장기를 만드는 걸까? 18~19쪽에서 잠깐 소개했는데 기억 나니? 3D 프린터로 장기를 만드는 기술은 살아 있는 세포를 이용한다고 해서 3D 바이오프린팅이라고 불러. '바이오bio'는 '살아 있는', '생물'이라는 뜻의 영어야. 장기를 출력할 때는 콜라겐이나 젤라틴처럼 인체·동물·식물 등에서 얻은 생체

3D 바이오프린팅으로 만든 인공심장

재료를 이용해. 특히 환자 본인의 세포를 사용하면 면역 거부반응이 전혀 없는 장기를 만들어 낼 수 있어. 뼈, 치아와 같은 단단한 신체 기관도 환자의 것과 똑같은 크기로 출력할 수 있는데, 여기에는 CT나 MRI로 환자의 신체 기관을 분석하는 작업이 필요해. 이 기술을 세계 최초로 개발한 나라가 바로 우리나라야. 2014년 포항공대 연구팀은 머리를 다친 환자의 두개골을 3D 프린터로 출력해 이식하는 데 성공했어.

3D 바이오프린팅으로 신장·심장·폐와 같은 복잡

한 장기를 만드는 것은 아직 연구가 더 필요한 상황이야. 2019년 이스라엘의 텔아비브대학교 연구진이 환자 세포를 이용해 세계 최초로 인공심장을 출력했어. 아직 시험 단계이긴 하지만 말이야. 출력에 성공한 인공심장의 크기는 토끼의 심장 크기만 해. 연구진은 공식 유튜브 채널에 심장을 출력하는 장면을 공개했어. 관심이 있다면 유튜브에서 찾아보길 바라.

연골로 만드는 귀

2022년 6월 미국의 바이오 기업인 3D바이오테라퓨틱스는 3D 바이오프린팅 기술을 이용해 연골 세포로 귀를 만들어 사람에게 이식했어. 인체 조직을 이용한 최초의 3D 바이오 프린팅 이식 수술이었지.

귀를 이식받은 사람은 '작은귀증'이라는 질병을 앓는 어느 20세 여성이었어. 작은귀증은 정상적인 귀보다 작고 모양이 변형된 귀를 가지고 태어나는 선천성 질병이야. 연구원들은 우선 여성의 정상적인 한쪽 귀를 스캔

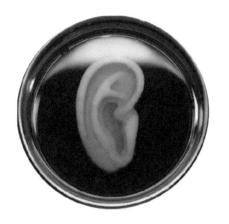

3D 바이오프린팅으로 출력한 귀

하고, 컴퓨터에 스캔 정보를 전송해 3차원 모델을 만들었어. 그리고 여성의 귀를 이루는 연골 세포를 배양해 콜라겐으로 만든 바이오잉크에 넣었어. 3D 프린터는 이 바이오잉크를 겹겹이 쌓아 3차원 모델대로 귀를 만들어 냈지.

이 귀는 겉귀에 해당하는 귓바퀴였어. 귀 안쪽에 있는 속귀는 모양이 매우 복잡하지만, 귓바퀴는 비교적 단순한 구조라서 수월하게 출력이 가능했던 거야. 그전에는 귀를 재건하려면 환자의 갈비뼈 연골을 잘라야만 했어. 수술 재료를 얻기 위해서 몸에 칼을 댈 수밖에 없었던 거지. 3D 프린터의 발달로 이제는 그럴 필요가 없어져 정말 다행이야.

연구원들은 이 여성뿐만 아니라 총 11명의 환자에게 같은 방식으로 수술을 진행했어. 수술한 환자들을 2028년까지 계속 살펴보면서 3D 바이오프린팅 기술의 안전성을 확인할 거라고 해.

줄기세포로
영원히 살 수 있을까

줄기세포는 모든 조직으로 분화할 능력이 있는 세포야. 커다란 나무에서 가지가 여러 방향으로 뻗어 또 다른 가지나 열매, 꽃 등이 되듯이 세포 형성의 출발점이 된다는 의미에서 '줄기'라는 이름을 붙였다고 해. 총 60조 개에 이르는 우리 몸속 모든 세포의 토대가 되는 것이 줄기세포야. 줄기세포는 간이 될 수도 있고, 뇌가 될 수도 있고, 심장이 될 수도 있다는 뜻이야. 세포는 시간이 지나면서 늙고 죽게 되는데, 죽은 세포의 빈자리를 채우기 위해서는 같은 종류의 세포가 필요하겠지? 줄기세포는 모든 장기와 조직에서 새로운 세포를 만들어 내는 일을 해.

줄기세포의 종류는 크게 3가지로 나뉘어. 수정된 배아에서 얻는 '배아 줄기세포', 다 자란 성인의 신체나 조직에서 얻는 '성체 줄기세포', 우리 몸의 세포를 거꾸로 분화시켜서 만든 세포인 '역분화 줄기세포'가 있어. 줄기세포를 활용하는 기술이 발전하면 나이가 들거나 병든 장기와 세포를 완전히 새로운 것으로 바꿀 수 있어. 그야말로 영원한 삶이 가능해지는 거지.

배아 줄기세포부터 자세히 살펴볼까? 정자와 난자가 결합한 수정란이 분열해서 100여 개의 세포 덩어리가 된 것을 '배반포'라고 해. 배아 줄기세포는 배반포 내부의 세포 덩어리에서 분리한 줄기세포로, 무한히 늘어날 수 있는 데다 인체의 모든 세포로 분화할 수 있어서 '만능세포'라고도 불러. 그런데 배아를 생명체로 보는 사람들은 배아 줄기세포에 꾸준히 윤리적인 비판을 하고 있어. 무엇보다 배아 줄기세포는 분열과 분화 속도 모두 엄청나게 빠른 나머지 자칫 잘못되면 암세포로 변할 수 있어서 현재 이 세포로 질병을 치료하는 행위는 불법이야. 그렇지만 배아 줄기세포를 활용하면 장기를 무한히 만들 수 있고, 그러면 장기기증이 부족한 문제를 해결할 수 있어서 관련 연구는 계속 진행 중이야.

현재 병원에서 가장 활발히 활용하는 줄기세포는 성체 줄기세포야. 다치거나 병들어도 우리 몸이 회복할 수 있는 건 성체 줄기세포 덕분이야. 이 줄기세포는 급성심근경색·크론병·루게릭병 등의 난치병 치료에 큰 도움이 되고 있어. 분화 능력이 뛰어나지만 배아 줄기세포처럼 모든 세포로 분화할 수는 없고, 암세포로 변할 위험이 없다고 해.

성체 줄기세포를 채취할 수 있는 신체 기관으로는 먼저 자궁의 태반, 양막, 제대혈(갓 태어난 아기의 탯줄 안에 있는 혈액)이 있어. 임신했거나 출산하는 여성의 몸에만 있는 것들이지. 치아와 근육, 피부, 자궁 내막에서도 얻을 수 있는데 채취하는 게 쉽지 않고, 어렵게 얻더라도 그 양이 너무 적어. 그래서 병원에서는 주로 지방과 골수에서 성체 줄기세포를 얻어. 골수에서 얻은 줄기세포는 관절 질환 치료에 이용하는데 채취하는 것이 쉽지 않고, 나이가 들면 기능이 떨어진다는 단점이 있어. 지방에서는 골수에서 얻는 것보다 많은 양의 줄기세포를 한 번에 채취

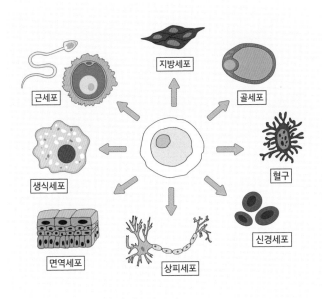

모든 세포로 분화할 수 있는 줄기세포

할 수 있어. 같은 양의 골수에 비해 500배, 제대혈에 비해서는 10만 배나 된대. 지방을 나쁘게만 생각했는데, 이렇게 활용될 수 있다니 지방에게 고마워지지 않니?

지방에서 얻은 줄기세포에는 3가지 독특한 성질이 있어. 첫째, 다양한 세포로 분화하면서 상처를 치유하고 재생하는 능력이 뛰어나. 둘째, 면역반응을 조절해. '엑소

좀'이라는 물질을 분비해 알레르기나 자가면역 반응을 줄일 수 있어. 셋째, 필요한 곳으로 직접 찾아가는 놀라운 능력이 있어. 그래서 지방의 줄기세포를 환자에게 이식할 때는 필요한 부위에 직접 주사를 놓는 방식을 사용하기도 하지만 링거로 주입하기도 해.

줄기세포의 마지막 종류인 역분화 줄기세포는 과학자들이 인위적으로 만든 것으로 아직 그 안정성이 입증되지 않았지만, 질병과 노화를 막을 열쇠로 주목받으며 활발하게 연구되고 있어. 놀랍게도 끝없이 몸을 재생하는 도롱뇽의 능력을 닮은 세포야.

도롱뇽처럼
몸을 재생할 수 있다면

스스로 장기를 만드는 동물이 있다는 얘기를 들어 본 적 있니? 꼬리를 자르고 도망가는 도마뱀은 다 알 거야. 이런 도마뱀보다 한 수 위인 동물이 있어. 꼬리뿐만 아니라 발가락과 다리, 심장 같은 장기, 심지어 눈이나 뇌의 절반

몸을 자유자재로 재생하는 능력이 있는 아홀로틀

이 잘려도 잘린 부분을 되살릴 수 있는 동물, 바로 도롱
뇽이야. 집에서 키우기도 하는 아홀로틀도 도롱뇽의 일
종이야. 우파루파라는 이름으로도 부르는 아홀로틀은 자
기네끼리 팔다리를 뜯어먹는 습성이 있어서 여러 마리를
키우다 보면 팔다리가 잘렸다가 다시 자라나는 모습을
관찰할 수 있어. 한 달 정도면 발가락 모양이 모두 또렷하
게 재생되고 좀 더 시간이 지나면 원래 크기까지 자라나
는 것을 볼 수 있지. 너무 신기하지?

　도롱뇽은 어떻게 몸을 끊임없이 되살리는 걸까? 도

룡뇽의 세포에는 매우 특별한 능력이 있어. 몸에 심각한 손상이 일어나면, 살아남은 일부 세포가 스스로 줄기세포로 변화해 망가진 조직을 이루던 세포로 분열하는 능력이지. 줄기세포에서 체세포로 변화하는 과정을 **분화**라고 하고, 반대로 체세포에서 줄기세포로 변화하는 과정을 **역분화**라고 해. 즉 도마뱀이나 도롱뇽의 세포에는 뛰어난 역분화 능력이 있는 거야. 이런 능력을 사람도 가지면 얼마나 좋겠어. 불의의 사고나 질병으로 장기와 신체가 망가져도 다시 원래 몸으로 돌아갈 수 있을 테니까. 놀랍게도 도롱뇽처럼 몸을 되살리기 위한 연구가 진행 중이야. 바로 역분화 줄기세포에 관한 연구야.

일본의 신야 야마나카 교수는 다 자란 성인의 체세포에 유전자 4가지를 주입해 역분화 줄기세포를 만드는 데 성공해서 2012년 노벨생리의학상을 받았어. 야마나카 교수는 역분화 줄기세포를 몸속에 삽입해 작동시키면 간, 심장, 눈 등의 신체 기관에서 망가진 조직의 재생이 일어날 뿐만 아니라, 동물의 노화도 역전시키는 것이 가능하다는 연구 논문을 발표했어. '유도만능 줄기세포'라고도 부르는 역분화 줄기세포를 만드는 기술이 발전하면 장기기증도 인공장기도 더는 필요 없어지고, 몸을 다쳐서 죽는 사람이 없는 세상이 될 거야. 위험천만한 스포츠를 짜릿하게 즐기다 혹시 다리를 다치면 새로운 다리를 만들어 내면 되니까 말이야.

+ 도롱뇽아, 어디 있니? +

도마뱀은 주로 낮에 활동해서 따뜻한 나라에 가면 벽에 붙어 있는 걸 쉽게 볼 수 있어. 반면 도롱뇽은 야행성이라서 좀처럼 보기가 어려워. 주로 산소가 풍부한 1급수가 흐르는 깨끗한 계곡에서 찾아볼 수 있지. 3~4월쯤 짝짓기를 하니 여름이 되면 도롱뇽의 올챙이들을 볼 수 있어. 참! 도롱뇽은 눈으로만 봐야지 잡는 것은 법으로 금지되어 있어. 우리나라에 사는 5종의 도롱뇽은 모두 보호종으로 정해져 보호받고 있거든. 한반도에는 6종의 도롱뇽이 살고 그중 1종은 북한에서만 볼 수 있어. 남한에서 가장 흔하게 볼 수 있는 종은 코리안 살맨더라는 도롱뇽이야. 청정한 계곡 주변의 썩은 나무나 낙엽, 돌 밑을 잘 살펴보면 발견할 수 있어.

　도롱뇽은 낮에는 숨어 지내다가 밤이 되면 물속 곤

충이나 지렁이 같은 동물을 잡아먹고 살아. 혀도 없고 팔다리가 짧은 데다 움직임도 느린 도롱뇽은 먹이를 발견해도 놓치기 일쑤지. 깨끗한 계곡이 점점 사라지고 있고, 지렁이를 비롯한 먹이까지 줄어들어 느림보 도롱뇽의 개체 수는 급격히 감소하고 있어.

인공혈액을 연구하는 이유

몇 년 전 코로나19 바이러스로 사회적 거리 두기 한창일 때, 헌혈을 하는 사람이 적어져서 수술이나 질병 치료에 필요한 혈액이 부족해졌다는 뉴스가 자주 나왔어. 헌혈 지원자는 그전에도 항상 부족했지만 그마저도 계속 감소하고 있다고 해.

우리나라에서는 다른 나라에 비해 헌혈하는 사람의 연령대가 젊은 편이야. 10~20대가 71%나 차지해. 그런데 젊은 인구가 줄어들면서 헌혈에 참여하는 사람도 급속히 줄어들고 있어. 2030년에는 헌혈로 얻는 피가 의료 현장에서 필요한 양의 77%에 그칠 거라는 예측도 있어. 물론 혈액 부족은 우리나라만 겪는 문제는 아니야. 2019년 미국 워싱턴대학교 연구진에 따르면 전 세계 195개 국가 중 119개 국가에서 혈액이 부족하다고 해. 만약 혈액을 인위적으로 만들어 생명이 위태로운 환자를 살릴 수 있다면 얼마나 좋을까?

2022년 11월 인공혈액을 수혈했다는 놀라운 뉴스가 영국에서 전해졌어. 영국의 혈액장기이식센터 연구진이 실험실에서 배양한 인공적혈구를 사람에게 수혈한 거야. 인공적혈구를 만들기 위해 연구원들은 건강한 사람의 혈액 470mL에서 적혈구로 분화할 수 있는 줄기세포를 뽑아 내 18일 정도 배양했어. 그러자 50만 개였던 줄기세포가 적혈구 500억 개가 되는 놀라운 결과가 나타났어. 연구진은 이렇게 인공적으로 배양한 적혈구를 건강한 참가자 2명의 몸에 옮기는 데 성공했어. 찻숟가락 두 스푼 정도의 양인 5~10mL를 수혈할 수 있었어.

그러나 인공혈액을 만드는 데 한 번 성공했다고 해서 헌혈이 필요 없어지는 상황은 아니야. 인공혈액을 만드는 데 몇 가지 어려움이 있기 때문이야. 첫째, 비용이 많이 든다는 거야. 세포를 배양하는 데 돈이 많이 들어서 헌혈을 대체하기는 아직 어려워. 둘째, 인공혈액을 만들 줄기세포를 확보하기도 만만치 않아.

넘어야 할 산이 많지만, 인공혈액에는 장점이 많아. 혈액은 우리 몸무게의 8%를 차지해. 그중 절반은 액체인 혈장으로, 나머지 절반은 골수에서 만들어지는 고체로 이루어져 있어. 적혈구, 백혈구, 혈소판이 바로 골수에서 만들어지는 고체야. 적혈구의 수명은 보통 120일인데, 사람의 혈액은 젊은 적혈구와 나이 든 적혈구가 섞여 있어서 120일 내내 적혈구의 수를 똑같이 유지하기 어려워. 그래서 4~6주마다 병원에 와서 새로 수혈을 받아야 하는 환자들이 있어. 인공혈액 속 적혈구는 젊은 세포로만 이루어져 있으니 적혈구의 수명이 길어서 환자가 병원을 찾는 횟수를 줄일 수 있지.

그리고 인공혈액은 혈액형의 구분 없이 수혈할 수 있는 데다 보관도 오래 할 수 있어. 헌혈한 피의 보관기간은 보통 35일인데, 인공혈액은 1~2년 동안 보관할 수 있어. 간혹 헌혈로 얻은 피를 깨끗하게 관리하지 못하면 헌혈한 사람의 질병이 환자에게 옮을 수도 있는데 인공혈

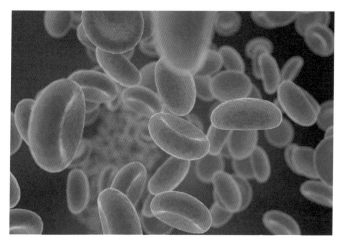

혈액 속 적혈구

액은 이런 사고까지 막을 수 있어. 세계 각지에서 인공혈액을 열심히 연구하는 이유야.

2018년 일본은 역분화 줄기세포를 활용해서 인공혈소판을 만들었어. 우리나라에서도 2023년 6월에 툴젠과 라트바이오라는 두 기업이 인공혈액을 생산하는 소를 만들어 냈어. 어떻게 소의 피를 사람에게 수혈할 수 있을까? 다른 동물의 혈액이나 조직을 사람에게 이식하면 면역거부반응이 일어나. 하지만 유전자 가위를 이용해 문제가 되는 부위(항원)를 제거하면 면역거부반응을 없애고 안전성을 높일 수 있지. 혈액도 유전자 가위로 편집할 수 있다니, 정말 대단하지?

바쁘다 바빠

요점만 싹둑! 공부 절취선

---------------------------- ✂ ----

인공자궁

인공태반과 양수를 담은 비닐팩으로 구성되어 수정란의 착상부터
태아의 성장까지 모두 가능한 인공장기

유전자 가위

DNA에서 원하는 부위를 잘라 특정한 유전자를 조작할 수 있는 기술

DNA

세포의 핵 속에 있으며, 생명체의 유전 정보를 담고 있는 화학 물질

줄기세포

모든 조직 세포로 분화할 능력을 지닌 세포

분화

줄기세포가 체세포로 변화하는 과정

역분화

체세포에서 줄기세포로 변화하는 과정

4장

인공장기,
왜 논란이야?

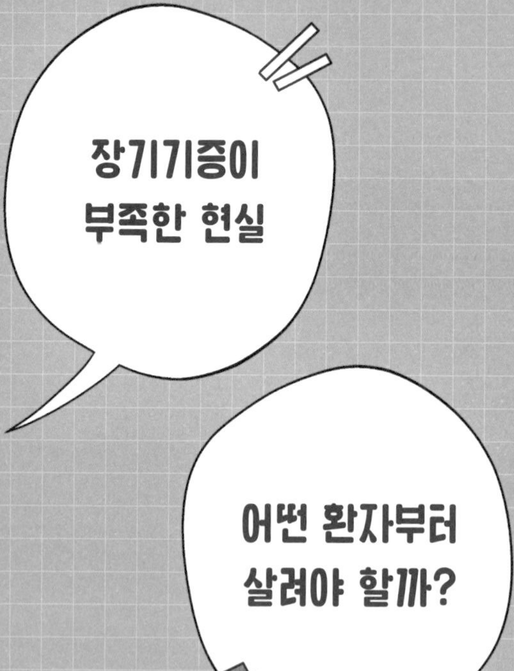
장기기증이 부족한 현실
어떤 환자부터 살려야 할까?

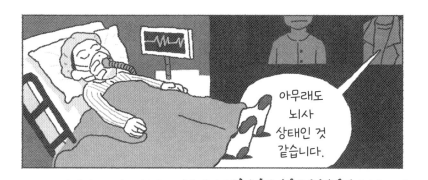

아무래도 뇌사 상태인 것 같습니다.

짧은 생을 마친 아이, 5명 환자의 목숨을 구하다!

아이를 너무 허무하게 보내는 것 같아서 어려운 결정을 했어요.

장기기증은 잘한 선택인 것 같아요. 아이의 마지막이 아름다워 다행이에요.

스페인의 장기기증

장기기증은 전 세계 어디에서나 부족한 편이지만, 특히 우리나라는 장기기증 부족 국가로 분류될 만큼 환자에게 필요한 장기 확보에 어려움을 겪고 있어. 2021년 국내 뇌사자의 장기기증 비율은 8.6%인데, 영국은 20%, 이탈리아 24%, 미국과 스페인은 40%가 넘어. 왜 우리나라에서 유난히 그 비율이 적을까?

유교 사상의 영향으로 우리에게는 신체 훼손에 대한 거부감과 두려움이 있어. 영화나 드라마에서 장기이식을 무섭고 부정적으로 묘사하기도 하고. 그러나 장기기증이 활발한 나라에서는 장기기증을 장려하는 주간이나 축제가 있을 정도야. 다행히 우리 국민들의 인식도 개선되고 있어. 미성년자가 부모의 동의 없이 장기기증 희망자로 등록을 할 수 있는 나이를 19세에서 16세로 낮추면서 젊은 사람의 장기기증이 좀 더 늘어났다고 해.

장기기증을 가장 많이 하는 나라가 어디인지 아니? 바로 스페인이야. 스페인이 1위인 이유는 옵트아웃Opt-out 제도 덕분이야. 살아 있을 때 장기기증을 거부한다는 의사를 따로 밝히지 않으면 장기기증을 희망하는 것으로 바로 간주하는 제도야. 암묵적으로 장기기증에 동의하는 제도라고 생각하면 돼. 이 제도 덕에 스페인에서는 장기기증을 자연스럽게 받아들이는 문화가 만들어졌어. 우리나라는 반대로 옵트인Opt-in 제도를 시행하고 있어. 살아 있을 때 장기기증에 동의해야만 장기기증자가 될 수 있는 제도인 거지.

그리고 우리나라에서는 신체가 살아 있지만 뇌 기능은 완전히 멈춰서 의식을 잃은 **뇌사** 상태를 판정받지 못하면 장기를 기증할 수 없어. 2018년부터 시행되고 있는 '연명의료결정법'이라는 법이 있어. 이 법은 살아날 가망이 없는 환자의 생명을 약물이나 기구로 연장하는 **연명 치료**를 더 받을 것인지를 환자 가족이 결정할 수 있게 하는 제도야. 그런데 연명 치료를 중단해 환자가 죽게 되면 뇌사 판정을 받은 것이 아니기 때문에 장기기증은 할 수 없게 돼. 옵트인 제도와 더불어 뇌사 판정을 받아야만 장기기증을 할 수 있다는 까다로운 조건 때문에 우리나라에서는 장기기증이 활발해지기 어려워.

스페인·미국·영국·싱가포르·캐나다·프랑스 등에

서는 연명 치료를 중단해 심장과 혈액순환이 멈춘 환자도 장기를 기증할 수 있는 제도를 시행하고 있어. 이를 순환정지 후 장기기증이라고 해. 우리나라도 이 제도를 도입해서 생전에 장기기증을 신청한 사람이 뇌사 판정을 받지 않고도 장기기증을 할 수 있게 해야 하지 않을까?

우리나라에는 장기기증자에게 감사하는 문화도 잘 정착되어 있지 않은 편이야. 2017년 국내의 어느 병원에서 장기기증자의 시신을 방치하고 유가족에게 떠넘겨서 논란이 되었어. 유가족이 당연히 분노할 수밖에 없었지. 이 일이 보도되자 장기기증을 하는 뇌사자가 확 줄어들었어. 그래도 지금은 장기기증자와 유가족을 예우하는 제도를 많이 보완했다고 해. 장기기증자의 장기나 조직을 떼어 내고 나면, 시신을 안치실로 옮기기 전에 꼭 감사 묵념을 한다고 해. 유가족에게는 전화와 방문 상담, 장례식 비용 지원과 같은 체계적인 복지 서비스를 제공하고 있어. 그런데 장례식 비용을 지원받으려고 소중한 가족의 시신을 훼손한다는 말도 안 되는 비난을 하며 나쁜 분위기를 조장하는 사람들도 있어. 생명을 살리는 숭고한 행위를 그렇게 깎아내리는 것이 옳은 일일까?

장기기증 세계 1위 스페인의 기념 행사

　　장기기증률을 높이기 위해 개인 차원에서는 어떤 노
력을 할 수 있을까? 우선 건강하게 살아 있을 때 장기를
기부하겠다는 의사를 미리 밝히는 것도 좋을 거야. 그런
데 죽고 나서 남은 가족이 동의하지 않으면, 살아 있을
때 장기기증을 원했더라도 실제 기증이 이루어질 수 없
어. 그러니 장기기증 신청을 했다면, 장기를 왜 기증하고
싶은지 가족이 이해할 수 있게 미리 설명해 두면 더 좋을
거야. 가족 중에 누군가가 장기를 기증하고 싶어 한다면

그 사람의 생각을 존중하는 마음가짐도 필요하겠지?

장기기증을 위해
재판까지 간 사연

우리나라 법으로는 아무리 친한 사이라도 당사자끼리의 합의만으로는 바로 장기를 줄 수도 받을 수도 없어. '장기이식법'이라는 다소 복잡한 절차를 따라야 하지. 주민등록등본이나 가족관계증명서로 쉽게 관계를 증명할 수 있는 가족과 달리, 절친한 친구 사이는 증명하기 쉽시 않아. 진구에게 장기를 기증하기 위해 재판정에 서야 했던 A의 이야기를 한번 들어 볼래?

　A에게는 절친한 친구인 B가 있었어. 교회에서 함께 봉사와 선교 활동을 하면서 가까워졌다고 해. 그러던 어느 날 친구 B가 간암 판정을 받고 3년 동안 치료했지만, 안타깝게도 간이식을 받아야 할 정도로 병세가 나빠졌어. 절친한 친구인 B가 죽어 가는 것을 보고만 있을 수 없어서 A는 질병관리본부에 자신을 장기기증자로 선정해

달라는 신청서를 제출했어. 그런데 질병관리본부에서 A의 신청을 받아 주지 않았어. A와 B의 친분 관계를 입증할 자료가 부족해 순수한 의도의 장기기증으로 보기 어렵다는 이유에서였어. 환자의 친족이 아닌 사람이 장기기증을 하려면 질병관리본부에 제출해야 하는 서류가 굉장히 많다고 해. 기증자와 환자가 오랜 기간 친밀하고 진정성 있는 관계를 이어 왔다는 것을 확인할 수 있는 자료, 두 사람의 소득과 거주지를 증명하는 문서를 제출해야 해. 국가에서 이처럼 까다롭게 심사하는 이유는 친분을 가장해서 장기매매를 하거나 악랄한 방법으로 장기기증을 강요하는 경우가 없는지 확인하기 위해서야. 우리나라는 장기를 사고파는 것을 엄히 처벌하고 있어. 공중화장실 벽에 장기매매에 관한 홍보 스티커를 붙이기만 해도 처벌을 받아.

A는 B와의 관계를 증명하기 위해 함께 찍은 사진을 질병관리본부에 제출했어. 그런데 질병관리본부에서는 사진에 촬영 일자가 나와 있지 않다는 점, B가 간암에 걸린 지 3년이 넘어서야 장기기증 신청을 한 점을 들어 장기기증을 허가하지 않았어. A는 포기하지 않고 소송을

벌였고, 천만다행으로 법정에서 결과가 바뀌었어. 사진을 촬영한 시점을 A의 휴대전화 문자로 확인할 수 있었던 거야. 법원은 A의 장기기증 신청이 늦어진 것도 B가 그동안 다른 치료 방법을 시도했기 때문이라고 판단했어. 절친에게 간의 3분의 2나 떼어 주기 위해 국가기관과 기나긴 싸움을 한 A의 사연, 정말 뭉클하지 않니?

복제는 어디까지 허용해야 할까

환자 수에 비해 너무 부족한 장기를 조금이라도 더 많이 확보하기 위해 장기를 복제하면 어떨까? 완전한 인간 복제는 위험하다고 생각해도 신체 일부나 장기를 복제하는 것에는 찬성하는 사람이 꽤 많아. 이미 일부 나라에서는 장기 복제를 허용하고 있어. 물론 나라마다 허용 범위에 차이가 있기는 해. 질병으로 고통받는 환자가 사람다운 삶을 살 수 있도록 고통을 덜어 주려면 장기 복제를 굳이 반대할 이유가 없지 않을까 하는 생각이 들어. 복제 기술의 부작용을 걱정해 그 기술의 발전을 경계만 하는 것은 구더기가 무서워 장을 못 담그는 격일지도 몰라. 새로운 과학기술이 가져올 혼란에 미리 겁을 먹어 연구를 막고 외면하는 것이 과연 옳은 걸까?

인간 복제는 몇 사람만의 생각으로 허용할 문제는 물론 아니야. 다양한 분야의 사람들이 모여 올바르고 합리적인 방안을 마련해서 복제 기술을 어디까지 용인할지 결정해야겠지. 만약 인간 복제나 장기 복제가 활발하게 허용된다면 어떤 세상이 펼쳐질까? 지금부터 상상의 나래를 펼쳐 볼까?

첫째, 의학적 문제를 해결할 수 있어. 나의 신체와 장기를 복제해 놓는다면, 불치병에 걸리거나 교통사고를 당해도 문제없이 치료를 할 수 있겠지. 불법으로 장기를 사고파는 범죄도 사라질 거야. 장기 밀매는 결국 합법적으로 구할 수 있는 장기가 부족해서 생기는 범죄니까. 둘째, 불임을 겪는 사람에게 도움을 줄 수 있어. 2023년 4월 세계보건기구WHO에 따르면, 국가·지역·소득 수준에 상관없이 전 세계 성인 인구 6명 중 1명은 평생 불임으로 살아간다고 해. 인간 복제는 불임으로 고통받고 있는 부부에게 소중한 자녀를 안겨 줄 수 있고, 저출산 문제도 동시에 해결할 수 있을 거야. 셋째, 유전자가 우수한 인간을 복제한다면 훌륭한 인재의 비율을 높여 국가에 도움을 주고 풍요로운 사회를 만들 수도 있겠지.

인간 복제, 장기 복제가 사회에 가져올 논란과 혼란을 걱정하는 목소리도 만만치 않아. 생명 탄생이라는 숭고한 영역을 마음대로 조작한다는 것 자체가 인간의 존엄성을 헤치는 일이라는 거지. 그리고 인간 복제를 허용하는 순간 이 기술을 악용할 집단이 나타날지 몰라. 예를 들어 스웨덴의 발명가 알프레드 노벨은 폭탄 다이너마이트를 철도나 도로 건설 등 다양한 공사에 사용하기 위해 개발했어. 하지만 폭탄을 개발하는 도중에 공장이 폭발해 노벨의 막냇동생을 비롯한 많은 사람이 죽었어. 사람을 죽일 정도로 무시무시한 위력이 드러나자 다이너마이트는 원래의 목적과 다르게 전쟁터에서 많은 사람을 죽이고 건물을 파괴하는 무기로 더 많이 사용되었어. 인간 복제도 치료가 아닌 범죄 목적으로 이용되어 인류 사회를 파괴하는 무서운 무기가 될지도 몰라.

복제 기술이 가져올지도 모르는 문제는 또 있어. 나의 동의 없이 나와 똑같은 모습을 한 사람이 범죄를 저지르면 누가 처벌을 받아야 하는 게 맞을까? 똑같이 생긴 복제인간을 원래의 인간과 구별할 수 있을까? 복제한 인간이나 장기를 돈을 버는 수단으로만 삼는 사람들도 분명히 나타날 거야. 복제한 장기를 비싼 가격으로 판매하는 사람이 늘어나면 어떻게 될까? 돈이 많은 부자는 비싼 장기를 구입해 늘 건강을 유지하며 고통 없이 오래오래 살 수 있겠지만, 가난한 사람에게는 최첨단 의학 기술이 그림의 떡이 될 수밖에 없을 거야. 건강과 장수를 돈으로 거래하는 세상이 온다면 빈부 격차로 생기는 사회적 혼란은 어떻게 감당해야 할까? 복제 기술을 둘러싼 상반되는 의견을 살펴보고 각자의 생각을 정리해 보길 바라.

유전자 가위로 만든 맞춤형 아기

유전자 가위는 인공장기를 만드는 데 필요한 기술 중 하나야. 그런데 이 유전자 가위 기술을 둘러싼 논란도 여간 뜨거운 것이 아니야.

2018년 11월 중국 남방과학기술대학교의 허젠쿠이 교수는 유전자 가위로 쌍둥이 **맞춤형 아기**를 탄생시켰어. 쌍둥이의 아빠는 에이즈 환자였는데, 아기가 에이즈에 걸릴 확률을 0%로 만들기 위해 유전자를 편집한 거야. 맞춤형 아기는 격렬한 논쟁에 휩싸였어. 현재까지는 유전자를 조작하고 편집하는 기술로 사람을 만드는 행위가 불법이기 때문이야. 유전자 조작으로 생기는 부작용을 아직까지는 아무도 정확히 알지 못하기 때문에 함부로 사람의 유전자 편집을 시도하면 처벌을 받아.

　허젠쿠이 교수는 아기의 생명도 살리고 부모에게 소중한 아기를 안겨 주었다며 자신의 행위가 정당했다고 주장했어. 하지만 부모가 에이즈에 걸렸다 하더라도, 아기가 에이즈에 감염되지 않게 하는 방법은 유전자 가위 기술 말고도 있어. 그리고 인간 배아의 유전자를 편집하려면 미리 어떠한 방법으로 실험을 하겠다는 내용을 밝히고 허가를 받아야 하지만, 허젠쿠이 교수는 그런 절차를 전혀 지키지 않았기에 많은 비판을 받았어. 교수는 결국 징역 3년 형을 받았어.

　어떤 생각이 드니? 사람의 유전자를 편집하는 것을

어느 범위까지 허용해야 할까? 유전자 가위 기술이 발전한 미래에는 더욱 세세한 논의가 필요할 거야.

누구를 먼저 살려야 할까

2022년 장기이식을 기다리는 환자는 4만 706명으로, 최근 5년 중에 가장 많았어. 반면 장기를 기증한 뇌사자는 405명으로 역대 최저치를 기록했어. 많은 환자가 장기이식을 기다리다가 목숨을 잃는 현실이 정말 서글퍼.

그럼 이렇게 많은 환자에게 어떤 순서로 장기이식을 해주는 걸까? 의학적으로 얼마나 위급한지, 얼마나 오래 장기기증을 기다려 왔는지, 연령대는 얼마나 되는지 등 다양한 사항을 고려해 우선순위를 정한다고 해. 그런데 복잡한 과정을 거쳐 확보한 장기를 범죄자에게 이식한다면 어떨까? 돼지 심장을 이식받은 미국인 베넷의 이야기를 기억하니? 사실 그는 과거에 친구를 해쳐 감옥에 간 적이 있는 범죄자였어. 그가 심장이식을 받게 되자, 범죄자가 생명을 연장하는 수술을 받아도 되는지를 두고 미국 사회에서 많은 논쟁이 있었어.

베넷은 고등학교 동창이었던 친구 에드워드 슈메이커를 흉기로 7차례나 찔러 징역 10년을 선고받았어. 슈메이커는 이 사건으로 하반신이 마비돼 무려 19년 동안 휠체어 생활을 하다가 2007년 41세의 젊은 나이에 죽고 말았어. 슈메이커의 누나는 베넷이 세계 최초로 무균 돼지의 심장을 이식하는 역사적인 수술의 주인공이 됐다는 소식을 듣고 큰 충격을 받았어. "심장을 받을 자격이 있는 사람이 수술을 받았어야 한다"라며 분노가 어린 감정을 드러냈지. 당시 SNS에도 비판적인 여론이 거셌다고 해. 수많은 환자가 장기이식을 기다리며 애타는 마음으로 하루하루를 보내는 상황인데, 범죄자가 혜택을 누리면 안 된다는 반응들이었어.

한편 의료진이 치료할 환자를 결정할 때 윤리적 잣대를 들이대면 안 된다는 시각도 있어. 미국 장기기증네트워크UNOS는 "범죄자라는 지위가 장기이식을 못 받게 하는 기준이 되면 안 된다"라며 "누구나 의료를 받을 권리가 있다"라는 입장을 밝혔어. 의사는 착한 사람과 나쁜 사람을 구분할 권한을 가지고 있지 않고, 따라서 누가 더 이식받을 가치가 있는 사람인지도 판단해서는 안 된다는 거지. 국제연합UN의 관점도 이와 비슷해. 범죄자도 일반 인과 똑같이 치료받을 권리가 있어야 한다는 '넬슨 만델라 규칙'을 지지하고 있지. 그럼에도 장기이식과 같은 중대한 수술을 받을 환자를 선정할 때, 심각한 범죄에 대한 기준을 정해서 범죄자가 일반인과 동일한 위치에서 경쟁하는 것을 막아야 한다는 주장도 있어. 과연 어떤 결정이 가장 현명하고 합리적인 걸까?

트랜스휴먼의 시대가 온다

인간은 다른 동물에 비해 지능이 월등히 뛰어나. 하지만 시력, 청력, 근력 등의 신체 능력으로는 인간을 훨씬 앞서는 동물이 아주 많아. 영국의 해부학자 앨리스 로버츠 박사는 인간의 몸에 동물들의 뛰어난 신체 능력을 어떻게 조합할 수 있을지 연구했어. 의학과 동물 분야 전문가들의 의견에 해부학 지식을 더해 새로운 형태의 인체를 구상했지. 그리고 2018년, 자신의 몸으로 만든 모델에 동물들의 우수한 신체 능력을 더한 '앨리스 2.0'의 입체 모형을 영국과학박물관에서 관람객들에게 공개했어.

앨리스 2.0은 소리를 잘 듣는 고양이의 귀를 가지고 있어. 커다란 귀 때문에 영화 〈아바타〉에 나오는 나비족과도 닮아 보여. 그리고 어느 방향으로도 잘 볼 수 있는 문어의 눈, 사람보다 훨씬 튼튼한 침팬지의 척추뼈, 달리기를 잘하는 타조의 튼튼한 다리를 가지고 있지. 몸속에도 동물의 장기가 있어. 개의 심장, 백조의 폐를 가지고 있지. 무엇보다 가장 눈에 띄는 신체 부위는 캥거루처럼 배에 달린 아기 주머니야. 젖가슴과 젖꼭지도 캥거루처럼 이 주머니 안에 들어 있어. 앨리스 2.0을 개발하며 로버츠 박사는 사람들에게 몸에서 무엇을 바꾸고 싶은지를 물어봤는데, 이때 출산과 관련한 대답이 가장 많이 나왔다고 해. 사람의 태아는 머리가 큰 편이라 산모가 출산 때 큰 고통을 느껴. 로버츠 박사는 앨리스 2.0의 몸에 있는 주머니가 출산의 고통에서 산모들을 해방시켜 줄 것이라고 했어.

여러 동물의 몸을 조합해 만든 앨리스 2.0

미래에는 앨리스 2.0처럼 정말 새로운 유형의 인간이 등장할 수 있을까? 유전자 편집, 인공지능, 로봇 등의 과학기술을 활용해 현재의 인간보다 훨씬 뛰어난 육체적 능력과 지능을 지닌 인간을 **트랜스휴먼**이라고 해. 인간과 로봇의 중간 단계에 있다고 이해하면 쉬울 거야. 트랜스휴먼 다음 단계의 인간은 **포스트휴먼**이라고 불러. 현재 인간의 외모와 전혀 다른 것은 물론 완전히 다른 방식으로 살아갈 새로운 유형의 인간을 뜻하지. 우리가 본래 지닌 신체 능력과 지능을 아득하게 뛰어넘는 존재가 등장한 세상은 과연 어떨까?

영화 〈아이언맨〉에 나오는 로봇 수트 다 알지? 하늘을 날고, 어떤 공격도 막아 내고, 적을 초토화하는 압도적인 전투력을 갖춘 수트 말이야. 영화에 나오는 정도까지는 아니지만, 현실에서도 로봇 수트가 개발되었어. 2018년 평창 패럴림픽에서 장애인 테니스 전 국가대표 이용로 박사가 웨어러블 로봇 '워크온'을 입고 성화 봉송 주자로 나섰어. 워크온은 카이스트의 공경철 교수가 하반신이 마비된 환자를 위해 개발한 로봇이야. 2020년 국제사이배슬론대회(장애인이 자기 나라에서 개발한 로봇을 착용하고 능력을 겨루는 대회)에서는 카이스트에서 개발한 '워크온슈트 4'라는 웨어러블 로봇이 우승했어. 스위스, 미국 등의 로봇 선진국을 누를 정도로 대단한 기능을 자랑했지.

인간의 한계를 극복하고 고통에서 벗어나게 해줄 기술에 환호하는 사람도 있지만, 트랜스휴먼이 등장할 미래를 걱정하는 목소리도 있어. 유전자가 다른 새로운 인종이 나타나면 그 존재만으로 인종 갈등이 발생하고, 그

신체가 불편한 장애인을 위해 개발된 웨어러블 로봇

러면 소중한 인간의 존엄성이 파괴되는 대혼란이 올 수 있다고 우려하는 거지. 그럼에도 트랜스휴먼을 탄생시키기 위한 연구는 계속 이어지고 있어. 질병으로 근력이 약해진 사람이 다시 걷고, 운동이나 무용도 거뜬히 해내는 기적을 위해서 말이야. 웨어러블 로봇은 몸이 불편한 사람을 보조하는 용도에만 머무르지 않을 거야. 예를 들어 외과 의사처럼 환자를 수술하는 팔을 여러 개 만들 수 있다면 어떨까? 의사가 부족한 지역에 팔을 가져가고, 그 팔을 실제 의사가 원격으로 조정해 환자를 수술할 수 있는 기술이 가능해진다면 어떨까? 그런 세상이 온다면 외과 의사가 부족한 현실을 더 이상 걱정하지 않아도 되겠지? 하지만 보통 사람보다 훨씬 날렵한 팔다리로 사람들을 공격하거나 범죄를 저지르면 그것도 엄청난 문제가 될 거야. 그러니 과학기술을 악용하는 사례를 어떻게 막을 수 있을지 충분히 고민해야 해.

트랜스휴먼과 관련한 과학기술은 가난한 사람에게는 그저 그림의 떡이 될 것이라는 우려가 있어. 한편 최첨단 과학기술을 적용한 제품도 시간이 흐르면 점차 값이 저렴해질 거라는 긍정적인 전망도 있어. 1983년에 출시된 최초의 핸드폰은 무려 4,000달러(약 450만원)에 팔았어. 그렇다 보니 당시에는 부자만이 핸드폰을 살 수 있있어. 하지만 기술이 발달로 가격은 점점 내려갔고 지금은 모든 사람이 핸드폰을 사용하는 세상이 되었어. 어쩌면 트랜스휴먼도 같은 과정을 거치게 될지 몰라. 각종 값비싼 로봇은 처음에는 특정 계층만이 누리겠지만 어느 정도 시간이 흐르면 모든 사람이 접할 수 있는 것이 되지 않을까?

생명 연장,
축복일까 재앙일까

세계적인 생물학자 레오날드 구이란테는 2070년이 되면 인간의 평균수명이 120세가 될 거라 예견했어. 120세 시대가 그보다 더 빨리 올 거라 전망하는 학자들도 있어. DNA 생체시계를 발견한 유전학자 스티브 호바스는 2050년부터, 미래학자 안네 리세키에르는 2030년부터 120세 시대가 열린다고 예측했어.

120세도 어마어마한 나이인데 아예 죽지 않는 '영생'을 예측하는 인물도 있어. 구글 엔지니어링의 이사이자 미래학자인 레이 커즈와일은 "2045년에는 인간이 영원히 늙지도 죽지도 않는 특이점이 온다"라고 했고, 미디어 재벌 드미트리 이츠코프는 "30년 내로 인간이 영원히 사는 시대가 온다고 100% 확신한다"라고 했어. 이렇게 사람이 오래 사는 세상이 온다는 건 노인 인구가 많아진다는 뜻이기도 하지. 1970년 우리나라의 평균 수명은 62.3세였는데 2020년에는 83.6세로 50년 동안 무려 20년이나 껑충 늘어났어. 이렇게 수명이 늘어나는 것이

축복이기만 할까? 건강하고 행복한 사회를 위해서는 인간의 수명을 늘려서는 안 된다고 주장하는 사람도 있어.

인간의 '자연적 수명'은 약 38세라고 추정한 연구 결과가 있어. 자연적 수명이란 뭘까? 불의의 사고나 질병 같은 외부의 요인이 전혀 없다고 가정하고 예측하는 수명이야. 인간이 자연스럽게 늙어 간다면 40세 전에 죽는다는 거지. 조선시대의 평균 수명을 찾아보면 왕은 46.1세, 평민은 35세 정도야. 그 시대 사람들의 나이가 자연적 수명과 비슷한 걸 볼 수 있어. 그런데 의학과 과학기술의 발달로 인간의 수명은 매우 빠르게 늘어났어.

누구나 100세 넘게 사는 시대에 정말 인류는 꽃길만 걸을까? 120세 시대에 어떤 문제가 생길지 예측한 연구가 있어. 이 연구에서는 미래 사회에 더욱 심각해질 문제로 인구 증가, 환경 오염, 빈부격차 심화, 일자리 부족, 정년 연장을 꼽았어. 조금만 생각해 봐도 공감할 수 있을 거야. 인구가 늘어나면 환경은 더욱 오염될 것이고, 많은 사람이 한정된 자원을 공유하려다 보면 식량과 물도 부족해질 거야. 그리고 부유한 사람은 값비싼 인공장기도 쉽게 사고 큰 수술비가 드는 병원 치료도 받을 수 있을 거야. 그 부자들의 자식이 재산을 계속 물려받는다면 특정 계층만 부를 누리는 현상이 이어지겠지? 이런 미래에서 가난한 계층은 오래 살더라도 부유한 사람에게 착취당하고 시달리는 기간만 연장하게 되는 건 아닐까? 건강한 노인이 많은 세상에서는 늙었다는 이유만으로 직업이 없다는 건 이상한 일이 될 거야. 일자리는 정해져 있고 인구는 늘어나니 자연스럽게 취업난이 발생할 수밖에 없지. 이건 전 세계의 문제가 될 거야.

　누구나 건강하게 오래 살면 좋을 것 같다고 생각하지만, 막상 모두가 오래 사는 세상에서 인간은 더 행복할 수 있을까? 수명이 늘어나는 시대에 생길 수 있는 문제도 깊이 고민해 봐야 할 거야.

+ 영생을 꿈꾸는 남자 +

앞서 소개한 미래학자 레이 커즈와일 기억나니? 2045년이 되면 인간이 영원히 사는 시대가 열린다고 예견한 사람 말이야. 그는 2045년에 97세가 되는데, 그때까지 살아남기 위해서 영양제를 100알이나 매일 먹는다는 소문이 있어. 영양제를 사는 데 1년에 11억 원을 쓴다나 뭐라

나. 이상한 사람이라고 생각할지도 모르겠는데, 사실 그는 대단한 발명가야. 전자 피아노, 스캐너, 모바일 음성인식 기능 등을 개발해 에디슨 이후 최고의 발명가라고 인정받는 사람이지. 그리고 그가 지금까지 한 미래 예측은 86%나 적중했어. 인터넷 웹 검색, 3D 프린터, 인간을 뛰어넘는 컴퓨터 등을 예견했는데 모두 현실이 되었지. 그러니 조금은 황당하게 느껴지는 2045년의 영생론을 마냥 무시할 수만은 없어. 그때가 되면 정말 아무도 죽지 않는 세상이 올까?

바쁘다 바빠

요점만 싹둑! 공부 절취선

✂- -✂

뇌사

신체는 살아 있지만 뇌의 기능이 완전히 멈춰서 의식이 없는 상태

연명 치료

살아날 가망이 없는 환자의 생명을 여러 가지 약물이나 기구로
연장하는 치료

맞춤형 아기

유전자 가위 기술을 이용해 원하는 유전자만을 남기는 과정을 거쳐
태어난 아기

트랜스휴먼

유전자 편집, 인공지능, 로봇 등 과학기술의 도움을 받아
현재의 인간이 지닌 능력을 뛰어넘은 인간

포스트휴먼

현재 인류보다 더 뛰어난 능력을 갖춘 존재로, 지금의 인간과 완전히
다른 방식으로 살아갈 진화 인류

도서

PMG 지식엔진연구소 지음, 《최신 경제상식事典》, 박문각, 2014

박종현 지음, 《담수생물's 노트》, 책미래, 2013

박종현 지음, 《생명과학을 쉽게 쓰려고 노력했습니다》, 북적임, 2022

서민 지음, 《서민 교수의 의학세계사》, 생각정원, 2018

수전 앨드리지 지음, 김영 옮김, 《질병과 죽음에 맞선 50인의 의학 멘토》,
  책숲, 2014

이브 헤롤드 지음, 강병철 옮김, 《아무도 죽지 않는 세상》, 꿈꿀자유, 2020

이은희 지음, 《하리하라의 몸 이야기》, 해나무, 2010

제이콥 M. 애펠 지음, 김정아 옮김, 《누구 먼저 살려야 할까?》, 한빛비즈,
  2021

존 판던 지음, 김연수·이동섭 옮김, 《마취제 개발에서 이식수술까지》,
  다섯수레, 2016

토마스 슐츠 지음, 강영옥 옮김, 《의학의 미래》, 웅진지식하우스, 2020

황건 지음, 《세계사를 바꾼 17명의 의사들》, 다른, 2021

보고서

국가생명공학정책연구센터, 〈인공 자궁 태반 동물 모델 수립〉, 2005

보건복지부 국립장기조직혈액관리부, 〈2021년도 장기등 이식 및 인체조직
  기증 통계연보〉, 2022

한국과학기술기획평가원(KISTEP), 〈바이오 인공장기의 미래〉, 2017

기사·방송

"〈뉴스G〉 여성의 몸 떠난 자궁, '인공자궁'시대", EBS뉴스, 2016.1.13

"1초의 승부사", tvN 〈유 퀴즈 온 더 블럭〉 118화, 2021.8.11

"2만분의 1의 기적, 조혈모세포이식", KBS 〈생로병사의 비밀〉 663회,
    2018.9.26

"전신마비 환자 머리에 뇌사자의 몸 이식한다", 중앙일보, 2018.2.9

웹사이트

'Israel' 유튜브 www.youtube.com/@Israel/featured

국가통계포털 kosis.kr

법제처> 찾기 쉬운 생활법령 정보 easylaw.go.kr/CSP/Main.laf

보건복지부 e나라지표 www.index.go.kr

서울대학교병원 n의학정보 www.snuh.org/health/nMedInfo/nList.do

한국장기조직기증원 www.koda1458.kr

사진 출처

17쪽 www.chu-toulouse.fr   21쪽 www.broadinstitute.org

25쪽 www.kidneynews.org   39쪽 www.wga.hu

45쪽 ⓒ Jaroslav Moravcik, 셔터스톡   85쪽 english.tau.ac.il

87쪽 3dbiocorp.com   109쪽 www.huvn.es

121쪽 www.radiotimes.com

다른 포스트

뉴스레터 구독신청

오 도 독 ∴ 03

오늘은 인공장기

초판 1쇄   2023년 9월 8일

지은이   김지현

펴낸이   김한청
기획편집   원경은 차언조 양희우 유자영
마케팅   현승원
디자인   이성아 박나래
운영   최원준 설채린

펴낸곳 도서출판 다른
출판등록 2004년 9월 2일 제2013-000194호
주소 서울시 마포구 양화로 64 서교제일빌딩 902호
전화 02-3143-6478   팩스 02-3143-6479   이메일 khc15968@hanmail.net
블로그 blog.naver.com/darun_pub   인스타그램 @darunpublishers

ISBN 979-11-5633-582-5 44000
        979-11-5633-579-5 (세트)

다른 생각이
다른 세상을 만듭니다